# スピリチュアリティの研究
異言の分析を通して

大門 正幸
OHKADO Masayuki

風媒社

はじめに

　二人の幼子を残して他界した友人の意識は、彼の死と共にこの世から完全に消滅してしまったのでしょうか？

　様々な役職をこなし数多くのプロジェクトを軌道に乗せ、研究生活の絶頂期に突然あの世に旅立たれてしまわれた恩師は、思い出の中に生き続けるだけの存在になってしまったのでしょうか？

　私自身の慰めとして、また残された遺族の方々への慰めとして、学問的な裏付けを持って「否」と答えることができたら、どんなに心が救われることでしょう。

　しかし、悲しいことに、これらの切実な問いかけに、既成のほとんどの学問、とくに「科学」と呼ばれる学問は、明確な答えはおろか、考える道具立てすら提供してくれません。それどころか、このような問いかけそのものが「場違い」として門前払いされてしまう場合も少なくありません。科学者達の大部分は、もっと答えが確実で「重要な」目の前の問題の探究に忙しいようです。

　脳還元主義者達の答えは明白です。意識は脳の活動に付随して生じる副産物に過ぎない。だから、肉体が滅びれば、当然意識も消滅すると。要するに、死んだらそれまでだと。

　もしそれが科学的真実だとすれば、いくら辛くても、いくら悲しくても、それを受け入れるしかありません。意識の死後存続は、非科学の世界のお話として科学的探究の蚊帳の外に置かれるしかありません。癒されない心は、科学以外の場に救いを求めるしかありません。

しかし、意識に関する数多くの研究が示すように、脳還元主義は自明でもなければ、必ずしも確からしいとも言えません。少なくとも、脳還元主義に疑いの眼差しを向けさせるのに十分な反例が、学問の世界で多数報告されています。本書の中核部分は、そのような事例の報告です。

　また、本書は、意識の死後存続や生まれ変わりの問題を含む、スピリチュアリティに関する諸問題に対して、諸分野の知を総動員して学際的に取り組む必要性を訴えます。本書で述べるように、これこそ学問世界が全力をあげて取り組まなければならない切迫した問題であるように思われるからです。

謝辞

　本研究の一部は、中部大学の特別研究費（課題番号：22IL05A、研究課題：「退行催眠中に生じる異言の研究」）による助成を受けています。また本書は、中部大学の出版助成を受けて出版したものです。

　本書の主要部分は、平成22年5月26日に開催された、国際人間学研究所「表象」研究部門「スピリチュアリティに関する学際的研究」部会研究会／国際関係学部外国語教室談話会における口頭発表に加筆・修正を加えた原稿が基になっています。研究会の会場では、近藤健二先生、野田恵剛先生、吉福康郎先生をはじめ、多くの方に貴重なコメントをいただきました。発表に先立ち、上田洋征先生には、工学者の岡部金治郎先生のお仕事について、ご教示いただきました。国際人間学研究所所長の鷲見洋一先生には、初期段階の原稿に対して、貴重なコメントを頂戴いたしました。
本書の事例報告に関する部分については、大門他 (2009, 2010) として発表した、稲垣勝巳氏、末武信宏氏、岡本聡氏との共同研究　が基になっています。三氏には、研究の様々な側面でお世話になりました。また、本事例を発表した国際生命情報科学会のシンポジウム会場では、参加された方々から有益なコメントをいただきました。

　この他、事例の調査・研究の段階で多くの方にお世話になりました。さかえクリニックの山口一輝氏には、セッションのビデオ収録およびデータ処理をしていただきました。

　中部大学国際人間学研究所客員研究員カナル・キソル・チャンドラ氏、中部大学大学院生カナル・ヤムナ氏、中部大学工学部学生マドゥスタン・カヤスタ氏にはネパール語の分析でご協力をいただきました。朝日大学大学院生のパウデル・カルパナ氏には、被験者との会話データの収集、分

析にご尽力をいただきました。また、データの中にタマン族の言語の痕跡が見られないかの確認にあたっては、ネパール大使のGanesh Yonjan Tamang博士と日本タマン協会のSukuman Thing Tamang師にご協力をいただきました。さらに、美作大学の桐生和幸氏には、ネパール語の専門家の視点から、言語データの転写を含めた、詳細な分析を行っていただきました。また、カナル・キソル・チャンドラ氏には、研究協力者として、ネパール、ナル村での現地調査に同行していただきました。

　ネパールの現地調査では、多くのネパール人の方々にお世話になりました。特にヤギヤ・タマン氏、シャミアル・パンティ氏、ビドゥール・ギミレ氏、プリティヴィ・ガラン氏、ジャヤ・バハドゥール・ガラン氏、スク・マヤ・ガラン氏、クリシュナ・バドゥール・タマン氏、シャンブー・ギミレ氏には、長時間のインタビューに応じていただきました。

　生理学研究所の柿木隆介教授には、脳波を用いた「嘘発見器」について詳しくご教示いただきました。また、日本法科学鑑定センターの荒砂正名氏にはポリグラフ鑑定にあたっていただくと同時に、分析に関して多くの貴重な助言をいただきました。

　被験者と家族の方々には、本研究の主旨を汲んでいただき、負担の大きい調査に快く応じていただきました。

　本書の編集にあたっては、風媒社の劉永昇氏に大変お世話になりました。

　上記の方々、そして、ここに全ての名前を付すことは出来ませんが、その他の、お世話になった全ての方々に対し、心よりお礼申し上げます。

はじめに 3
謝　辞 5

1.「人間学」としてのspirituality研究 …………… 10

2. 本研究の位置づけ …………………………… 15
2.1 オカルト批判について　16
2.2 科学の実像　20

3. 前世療法と「過去生の記憶」………………………… 23
3.1 被験者が想起する「過去生の記憶」　24
3.2「過去生の記憶」は本物か？　25
3.2.1 本人しか知り得ない情報を知っている　26
3.2.1.1 ブライディ・マーフィーの事例　26
3.2.1.2「本人しか知り得ない情報を知っている」ことを立証する難しさ　27
3.2.1.3 超感覚知覚（ESP）について　28
3.2.2 複数の人が退行催眠中に思い出した記憶が一致する　29
3.2.3 催眠状態にある時に、現世の人格が身につけたとは考えられない技能（たとえば外国語を話す）を持っている　31
3.3 異言（現象）　32
3.3.1 glossolaliaとxenoglossy　32
3.3.2 二種類の異言　33

4. 退行催眠中の異言とその実例 ………………… 35
4.1 ジョエル・L・ホイットン博士による報告例　37
4.2 イアン・スティーヴンソン博士による報告例　39
4.2.1 イアン・スティーヴンソン博士について　39
4.2.2 イェンセンの事例　42
4.2.3 グレートヒェンの事例　43
4.2.4「生まれ変わり」か「憑依」か　45

目次

4.3 参考：憑依らしき事例　45
　　4.3.1 シャラーダの事例　46
　　4.3.2 ルチアの事例　48

5. 事例報告 ……………………………………………… 51
　　　　退行催眠中にネパール語を話す日本語話者の例
　5.1 2005年の催眠セッションに登場した二つの人格　52
　　5.1.1 タエの事例　52
　　5.1.2 ネパールの村長、ラタラジューの事例　54
　5.2 ネパール人による検証　60
　5.3 ナル村発見　63
　5.4 ネパール語セッション　64
　　5.4.1 会話の「成立度」について　65
　　5.4.2 初出語の分析　66
　　5.4.3 特殊な語について　68
　　5.4.4 文法について　68
　　5.4.5 ラタラジュー人格の発話が流暢ではない点について　70
　5.5 通常の方法で学んだ可能性はないのか？　71
　5.6 ネパールでの現地調査　73
　　5.6.1 人物の特定について　74
　　5.6.2 ラタラジュー人格の語った内容について　79
　　5.6.3 ラタラジュー人格のネパール語について　80
　5.7 海外協力隊について　82
　5.8 今後の調査の可能性　83
　5.9 事例報告のまとめ　83

6. 結語 ……………………………………………………… 87

　　　　参照文献　94　　　　ネパール語会話データ　99

1.「人間学」としての spirituality 研究

1.「人間学」としての spirituality 研究

　世界保健機関（WHO）は、その憲章前文の中で、「健康」を次のように定義しています。[1]

Health is a state of complete physical, mental and social well-being and not merely the absence of disease or infirmity.
（健康とは身体的・精神的・社会的に完全に良好な状態であり、たんに病気あるいは虚弱でないことではない。）

1948年のWHO設立の際に作成されたこの定義に対し、51年後の1999年の総会において、次のような修正案が出されました。

Health is a <u>dynamic</u> state of complete physical, mental, <u>spiritual</u> and social well-being and not merely the absence of disease or infirmity.
（健康とは身体的・精神的・<u>霊的</u>・社会的に完全に良好な<u>動的</u>状態であり、たんに病気あるいは虚弱でないことではない。）［下線は筆者による］

　改正案では dynamic「動的」と spiritual「霊的」の二語が加えられています。改正の提案に関する WHO 事務局の正式な見解は示されていないようですが、WHO の執行理事会において、前者については「健康と疾病は別個のものではなく連続したものである」、後者については「Spirituality は人間の尊厳の確保や Quality of Life（生活の質）を考えるために必要な、本質的なものである」との意見が出されています。[2]　ここで問題にしたいのは、spiritual という表現の追加が提案されたという事実です。
　このような提案がなされるということは、世界的な潮流として、spirituality という概念が非常に重要視されるようになってきていることを示しています。そして、「心の時代」と言われる21世紀、spirituality

は最も重要なキーワードの一つであると言えるでしょう。

　物質的側面に焦点を当てたこれまでの科学的学問研究は、人類の知を飛躍的に広げ、諸々の科学技術を生み出し社会を発展させてきました。しかし、同時に、本来人間にとって重要な意味を持つspiritualityは置き去りにされ、それが大きな歪みとなって様々な問題を引き起こしてきています。「針の上に天使は何人座れるか」といった今から見ればナンセンスな問題を論じ合っていた中世の学問界に対して、[3] 人文主義者達が人間性回復の学問としての人文学を提唱したのと同じように、現在支配的な物質還元主義的人間観に対してspiritualityを基盤にした人間学の構築が必要であるように思われます。

　spiritualityをテーマとするのであれば、当然その定義が必要になります。この点については、多くの議論がありますが、ここではElkins et al.（1988）らが提案している、spiritualityの構成概念を紹介するにとどめます。[4] それらは、次の9つです。

　①超越的次元
　②人生の意味と目的の追求
　③人生における使命の意識
　④命の神聖さの自覚
　⑤物質的価値を最も重要なものであると考えない
　⑥愛他主義
　⑦理想主義
　⑧人生の苦悩や悲劇に関する意識
　⑨spiritualityがもたらすものに対する自覚

　ひとつの概念を構成概念に分類した場合、それぞれの重要度が問題にな

1.「人間学」としての spirituality 研究

りますが、ここではそのような議論には立ち入らず、spirituality を広くとらえ、上記のいずれかを含んでいるものと考えることにします。

研究対象として spirituality を扱う場合、次の3つのタイプを考えることが出来ます。[5]

・タイプ1：spirituality が、各国の文化、歴史の中で、あるいは人類史の中でどのように取り扱われているのか、あるいは取り扱われてきたのか、そしてそれが人類にとってどのような意味を有するのかを明らかにする研究。（文化学・人類学・歴史学・哲学など）

・タイプ2：人間の spiritual な側面について、科学的に検証しようとする研究。（心理学・物理学・生理学・医学など）

・タイプ3：spiritual な「知識」が人間にとってどれだけ有益かを検証する研究。（医学・心理学・教育学など）

タイプ1には当然、従来の文化学・人類学・歴史学・哲学的研究などが含まれますが、近年の「スピリチュアリティの興隆」を「新霊性運動・文化」ととらえ、その人類史的な意味について考察している島薗（1996, 2007）のような研究が押し進められるべきでしょう。

タイプ2については、死後存続の研究や生まれ変わりに関する研究、人間の意識（いわゆる魂）を理論物理的に解明しようとする研究などをあげることが出来ます。[6]

タイプ3については、spirituality と様々な疾病との関係や寿命との関係について扱った膨大な数の医学的研究をあげることが出来ます。[7] この

他、死後存続や生まれ変わりなど、spiritualな知識（特に飯田史彦氏の提唱する「生きがい論」）がタイプA傾向[8]の緩和や、生きがい感の向上に寄与することを示す心理学的な研究などもあげることが出来ます。[9]

1. 世界保健機関の憲章前文における健康の定義改正をめぐる経緯については、棚次（2007）に詳しく述べられています。また、中嶋（2001）は、改正案が検討された当時の事務局長の立場から、改正案の意義について述べています。
2. 厚生労働省（2009）より。
3. 中世、ルネッサンス期の西洋人が、いかにナンセンスなことで真剣な議論をしていたかについてはOldridge（2005）に詳述されています。
4. spiritualityの定義については、安藤（2007）が多くの先行研究を引用しながら、詳しく考察しています。また安藤（2007）では言及されていない重要な研究として、Wilber（2006）をあげることが出来ます。
5. 尾崎・奥（2007）は、ケン・ウィルバーの提唱する「意識研究におけるホロン構造」「意識の4象限モデル」に基づいてスピリチュアリティを包括的にとらえようとする野心的なモデルを提唱しています。また、東京大学の「死生学の構築」プロジェクト（21世紀COE）、「死生学の展開と組織化」プロジェクト（グローバルCOE）はスピリチュアリティを多元的なアプローチで扱おうとする試みと解釈することが出来ます。なお東京大学の二つのプロジェクトの成果は小佐野・木下編（2008）、熊野・下田編（2008）、島薗・竹内編（2008）、高橋・一ノ瀬編（2008）、武川・西平編（2008）として刊行されています。
6. 意識を理論物理的に説明しようとする試みについては吉福（2005）の他、Kelly et al.(2007)の9章をご参照ください。また、それ以外の研究については、飯田（2006）に多数紹介されています。また、特に死後生存の科学的研究の歴史に関しては、スティーヴンスン（Stevenson）（1984）が参考になります。さらに、岡部（1971, 1979, 1982）は、著者が「推理科学」と呼ぶ方法により、死後の世界に関する考察を行っています。
7. Kelly et al.（2007）の3章およびKoenig（2008）で数多くの研究が紹介されています。
8. タイプAとは、競争心旺盛、負けず嫌いで、常に何かをしていないと落ち着

1.「人間学」としての spirituality 研究

　　　かないタイプを指します。タイプAの「A」は、このタイプを代表する特徴
　　　である、Aggressive（攻撃的な）を取ったものです。
9.　飯田史彦氏の「生きがい論」については飯田（2006）を参照。「生きがい論」
　　　がタイプA傾向の緩和に効果があるという報告については大石（2005）を、
　　　また生きがい感の向上に効果があるという報告については大石他（2007）と大
　　　石他（2008）を参照。

>2. 本研究の位置づけ<

2. 本研究の位置づけ

　本研究では、人間の意識（いわゆる魂）の死後存続と生まれ変わりの可能性について考察します。Spirituality 研究の3分類という観点から言えば、本研究はタイプ2に属する研究であるということになります。

2.1 オカルト批判について

　生まれ変わりの研究をはじめとする、いわゆる超常現象に関する研究を「オカルト」として一蹴しようとする人は科学者の中にも少なくありませんので、本題に入る前に、その点について簡単に触れておきましょう。

　結論から言えば、中身を吟味せず、頭ごなしに「生まれ変わりなどありえない」と主張する人達は、残念ながら、科学とは何かを理解していないと言わざるをえません。

　天文学者でSF作家でもあり、科学に関する数々の啓蒙書を執筆し、テレビ番組を担当していたカール・セーガン（Carl E. Sagan）(1934-1996)は、いわゆる超常現象を対象とした、似非科学の批判者としても有名でした。しかし、セーガン自身は、科学の本質をしっかり理解した批判者であり、似非科学を批判した著書 The Demon-Haunted World: Science as a Candle in the Dark（日本語訳『カール・セーガン　科学と悪霊を語る』）の中で断言しています。「科学には問うてはいけない疑問などない」と。

> There are no forbidden questions in science, no matters too sensitive or delicate to be probed, no sacred truths. That openness to new ideas, combined with the most rigorous, skeptical scrutiny of all ideas, sifts the wheat from the chaff. It makes no difference how smart, august, or beloved you are. You must prove your case in the face of determined, expert criticism. Diversity and debate are valued. Opinions are encouraged to contend—substantively and in depth.

(科学には問うてはいけない疑問などない。微妙過ぎて調べるのがはばかられる問題や、神聖な真実などないのだ。新しい考えに心を開くと同時に、どんな考えに対しても非常に厳しく懐疑的な態度で調査をしていく。それにより、麦の中身と殻を分けていくのだ。あなたがどれだけ賢かろうが、権威があろうが、愛されていようが関係ない。専門家達の厳しい目の前で自説を証明しなければならないのだ。多様な議論を出し、討論することに価値が置かれ、空論ではない、実のある、深い議論が闘わされることが奨励される世界なのだ。)(Sagan (1996, p. 31、大門訳)))

つまり、科学であるかどうかは、問いかけの中身ではなく、その問いかけに対するアプローチであり、科学的な態度で探求がなされていれば、それは科学的研究だと言うことです。したがって「生まれ変わり」研究と聞いて即座に「オカルト」と断言する姿勢は、科学がもっとも嫌う教条主義的な態度であると言わざるをえないでしょう。

そして、セーガン自身は、前掲書執筆の時点で、科学的に調査する価値のある超常現象のひとつとして、本研究にも深く関わる、イアン・スティーヴンソン(Ian Stevenson)博士の生まれ変わりに関する研究をあげています。

> Perhaps one percent of the time, someone who has an idea that smells, feels, and looks indistinguishable from the usual run of pseudoscience will turn out to be right. Maybe some undiscovered reptile left over from the Cretaceous period will indeed be found in Loch Ness or the Congo Republic; or we will find artifacts of an advanced, non-human species elsewhere in the Solar System. At the time of writing there are three claims

2. 本研究の位置づけ

in the ESP field which, in my opinion, deserve serious study: (1) that by thought alone humans can (barely) affect random number generators in computers; (2) that people under mild sensory deprivation can receive thoughts or images "projected" at them; and (3) that young children sometimes report the details of a previous life, which upon checking turn out to be accurate and which they could not have known about in any other way than reincarnation. I pick these claims not because I think they're likely to be valid (I don't), but as examples of contentions that might be true. The last three have at least some, although still dubious, experimental support. Of course, I could be wrong.

(100回に1回くらいは、あらゆる角度から見て、似非科学だと思われるような考えを述べる人が実は正しかったということがあるかも知れない。白亜紀の生き残りである未知の爬虫類がネス湖やコンゴ共和国で発見される、人類より進化した生物による構築物が太陽系のどこかで発見される、そんなことがないとは断言できない。私見によれば、この原稿を書いている時点で、ESP（超感覚知覚）の分野において、真剣に検討する価値のある主張が三つある。(1) 人間の意識だけで（わずかにではあるが）コンピューターがランダムに発生させる数字に影響を与えることができる、(2) ある程度感覚を遮断された人が自分たちに向けて送られたメッセージや絵を読み取ることができる、(3) 時に子供が自分の前世の記憶について詳細に語り、調べてみると、生まれ変わり以外では説明がつかないほど正確である。この三つの主張を取り上げたのは、それらが正しいと考えているからではなく（私はそうは考えていない）、真実である可能性があるからだ。少なくともこの三つは、疑わしさは残るものの、ある程度の実験的支持が得られているのだ。それに、私の方が間違っている可能性もあるのだし。) (Sagan 1996, p.

302、大門訳）

　今を遡ることおよそ160年、欧米を中心に、死者との交信ができるという霊媒が次々に現れ、世間が大騒ぎになりました。この時、「科学者魂」を持った学者達がアカデミズムの世界や宗教会の批判をおそれず精力的に研究を推進し、多くの金字塔的研究がなされました。その中には次のような蒼々たるメンバーがいました。

・アルフレッド・ラッセル・ウォレス（Alfred Russel Wallace）(1823-1913)
　ダーウィンと同時に自然淘汰による生物進化を着想し、共同で進化論を発表したイギリスの博物学者
・ウィリアム・クルックス（William Crookes）(1832-1919)
　タリウムの発見やクルックス管の発明で名高いイギリスの化学者・物理学者
・ウィリアム・ジェイムズ（William James）(1842-1910)
　実験心理学の創始者であり、プラグマティズムで有名な心理学者で哲学者
・ジョン・ウィリアム・ストラット（John William Strutt）(1842-1919)
　空が青くなる理由を示すレイリー散乱や地震の表面波であるレイリー波の発見で有名なイギリスの物理学者
・ウィリアム・フレッチャー・バレット（William Fletcher Barrett）(1844-1925)
　発電機や変圧器などで使われるケイ素を発見した、イギリスの物理学者
・オリヴァー・ジョゼフ・ロッジ（Oliver Joseph Lodge）(1851-1940)
　無線通信で使われるコヒーラや点火プラグを発明したイギリスの物理学者

2. 本研究の位置づけ

・シャルル・ロベール・リシェ（Charles Robert Richet）(1850-1935)
　アナフィラキシー・ショックの研究でノーベル生理学・医学賞を受賞し、アレルギー研究の父とも言われるフランスの生理学者

　中でもクルックス、バレット、ロッジ、リシェは、信仰によってではなく、科学的研究によって霊の存在を確信し、それを研究書として発表しています。[1]

　さて、最初に述べたように、科学で問うてはいけない疑問はありません。「生まれ変わり」をはじめとする、いわゆる超常現象の研究は立派な科学研究になり得ます。これらの研究に接した時、科学的姿勢を保つには、次の二つの道しかありません。[2]

　立場１：主張の根拠となる証拠を吟味し判断する
　立場２：テーマそのものに興味がないので判断は保留する

　もちろん、筆者が希望するのは、spirituality という人間にとって重要な問題に真正面から向き合う「立場１」を選ぶ人が増えることです。

2.2 科学の実像

　もう１点、科学について、重要な点を指摘しておきたいと思います。それは「科学とは何か」という科学の存在そのものに関する問題です。伝統的には、科学とは、「『観察 → 仮説の構築 → 仮説の検証・修正』という過程を経て真理に向かって客観的に前身するもの」とみなされてきましたし、現在でも多くの人はそのように考えています。

　しかし、トーマス・クーン（Thomas Kuhn）が名著 *The Structure of Scientific Revolutions*（『科学革命の構造』）(Kuhn (1962)) で明らかにし

たように、科学の発展の実像は「客観的に前進するもの」とはとても言えません。本研究との関連で重要なのは、科学にとって客観的に重要な事実などというものはなく、むしろ科学の持つパラダイム（たとえば、天動説、地動説といった、世界の見方）が、重要な問題とそうでない問題を決めてしまうということです。たとえば、天動説が正しいと仮定されると、それに合致する証拠に重きが置かれ、その枠の中で議論が展開されます。多少の例外が出てもそれが決定的に大きくなるまでそれらは放置される場合も少なくありません。要するに、科学者達は「自分たちの理論に都合のいい、見たいものだけを見る」という傾向があり、その意味では多分に宗教的なものなのです。

　筆者は、トーマス・クーンが教鞭を取ったこともあるマサチューセッツ工科大学で研究する貴重な機会を得たことがあります。認知革命の立役者であり、20世紀、21世紀の知の巨人である、ノーム・チョムスキー（Noam Chomsky）が自分の打ち立てた言語理論である統率・束縛理論（Government and Binding Theory）を破壊し、新たに極小性理論（Minimalist Theory）を構築しようとしている、理論言語学にとっては大変に「熱い」時でした。筆者も古い理論が新しい理論に次々に書き換えられている様を目の当たりにし、興奮しながら授業に出ていました。ある時、自分の理論に対し反例となるような言語学的データをあげた受講生に対してチョムスキーが述べた言葉は今も鮮明に記憶に残っています。にこやかに微笑むチョムスキーの口から出た言葉は"I don't believe in data."（データは信じない）でした。自分の理論によれば、学生が指摘したようなデータは存在するはずがないというわけです。もちろん問題のデータは厳然として存在するわけですが、目の前の理論の構築に合うデータの収集を優先し、理論に合わないデータについては後で考えようという、トーマス・クーン的科学観を踏まえたチョムスキーらしい返答でした。

2. 本研究の位置づけ

　このように、科学者自身がパラダイムというものに捕われて物事を客観的に見る事ができなくなっている可能性も多分にあります。この点も、いわゆる超常現象を扱う場合には念頭においておくべきでしょう。[3]

1. 彼らを中心とした心霊研究の歴史については、田中（1971）、三浦（2008）、Blum（2006）などが参考になります。また心霊主義を社会思想的な観点から分析したものに吉村（2010）や Gutierrez（2009）などがあります。
2. ベッカー（1992, pp. 119-130）は、超常現象研究を科学と認めたがらない科学者が挙げる、(i) 反復性の問題、(ii) 理論不足の問題、(iii) 確率論の問題について考察し、それらがいずれも正当ではないことを論証しています。また、同書（pp. 131-141）では、批判者の非科学的な態度について指摘し、その原因を (i) 心理的、(ii) 思想教育的、(iii) 宗教的、(iv) 社会的な観点から分析しています。
3. さらに言えば、Broad & Wade（1983）が指摘するように、データの捏造や改ざんといった不正行為を生じさせる、現代科学の持つ構造的な問題についても考慮しておく必要があるでしょう。この問題については、環境問題に関して世間に流布している言説の根拠がいかに薄弱であるかを指摘し続けている、中部大学の武田邦彦教授のホームページ、「口ごもる専門家」に、大変分かり易い解説がなされています（武田（2007））。最近の例としては、「気候変動に関する政府間パネル」（IPCC）が採用した気候温暖化を示すデータに関する問題をあげることができるでしょう。

>3. 前世療法と「過去生の記憶」<

3. 前世療法と「過去生の記憶」

3.1 被験者が想起する「過去生の記憶」

　前世療法（past life regression therapy）という表現がすっかり定着したように、退行催眠中にいわゆる「前世の記憶」が想起されるという事実は、広く知られるようになってきています。[1] この療法では、医師またはセラピストが、患者を「過去生」に誘導し、本人が現在抱えている問題を解決しようとします。以下は、精神科の医師で日本における前世療法の第一人者である奥山輝実氏の著書に記されている誘導の例です（奥山 2005, pp. 189-190）。

「あなたは一番幸せだった過去生へ戻っています。足もとを見て。どんな地面が見えますか、感じますか？」
「白っぽくて乾燥した固い地面です。所々に草が生えています」
「足には何か履いていますか？」
「裸足に近い感じがします……いえ、サンダルみたいなものを履いています」
「下半身は何を着ていますか？」
「白くて軽いヒラヒラした布を肩から身体にまとって青い紐で腰に留めています」
「手に何か持っていますか？」
「右手に白い壺を持っています」
「その手を見てください。肌の色は何色ですか？」
「とっても白くて美しい肌をしています」
「頭には何かかぶっていますか？」
「何もかんじません」
「髪はどんな感じですか？」
「あまりロングでなくて、少しカールしてて、金髪に近いブルネットです」

この後、この36才の女性患者は、自分がギリシアのアッティカの守護神アテナに仕えるフレアという名の28才の女性であると語ります。
　このようにして想起される「記憶」が被験者の単なる妄想ではなく事実ではないかということを訴え、大きな論争を呼び起こしたのは、おそらく1959年に出版された、モーレー・バーンスティン（Morey Bernstein）の *The Search for Bridey Murphy*（『第二の記憶：前世を語る女ブライディ・マーフィ』）が最初でしょう。その後、Montgomery（1968）、Stearn（1968）、Steiger（1969）、Grossi（1975）、Sutphen（1976, 1978）、Dethlefsen（1977）、Weisman（1977）、Fiore（1978）、Wambach（1978）、Willisoton and Johnstone（1983）、Whitton and Fisher（1986）、Weiss（1988, 1996, 2004）といった多くの著書が退行催眠中の「過去生」の記憶の真実性について報告しています。[2]

3.2「過去生の記憶」は本物か？

　退行催眠を受けた被験者が体験した過去生が本物であることを示唆する証拠として次の三つをあげることが出来ます。

1）本人しか知り得ない情報を知っている
2）複数の人が退行催眠中に思い出した記憶が一致する
3）催眠状態にある時に、現世の人格が身につけたとは考えられない技能（たとえば外国語を話す）を持っている

それぞれについて、具体的に見ていくことにしましょう。

3. 前世療法と「過去生の記憶」

3.2.1 本人しか知り得ない情報を知っている
3.2.1.1 ブライディ・マーフィーの事例

前述のように、退行催眠中の過去生の記憶が大きく注目されるきっかけとなったのは、1956年の *The Search for Bridey Murphy*（『第二の記憶 ── 前世を語る女ブライディ・マーフィー』）の出版でした。この本の著者モーリー・バーンスタイン（Morey Bernstein）が1952年、アメリカのコロラド州に住むヴァージニア・タイエ（Virginia Tighe）という女性に催眠術を施したところ、19世紀のアイルランドに生きた女性、ブライディ・マーフィーとしての「過去生の記憶」を語り出しました。驚いたバーンスタインはその後何度もタイエを催眠にかけ、彼女がブライディ・マーフィーであった時の膨大な「記憶」を引き出し、その記録を著書として公表しました。

この本はベストセラーになり、アメリカに輪廻転生ブームを巻き起こしました。タイエの退行催眠の様子を録音したテープが売り出され、またタイエの話は映画化されてもいます。

著書が評判になると、マスコミによるブライディ・マーフィー探しが大々的にはじまり、記憶の真偽を確かめるために多くの記者がアイルランドに派遣されるという騒ぎになりました。

発言の真偽については、確認された点もあれば確認できなかった点もあるという中途半端なものでした。しかし、調査の結果なされた重要な発見は、タイエが語ったブライディ・マーフィーの存在が記録の上では確認されなかったこと、そしてタイエが幼少の時に住んでいたシカゴの家の近くにブライディ・マーフィー・コーケル（Bridey Murphy Corkell）というアイルランドからの移民が住んでいたことでした。

これらの事実から、多くの論者はタイエの「記憶」は幼少時代にブライディ・マーフィー・コーケルから得たものであり、本人の意識下にあった

ものが催眠によって引き出されたに過ぎないと結論づけました。

　もっとも、タイエ自身にはブライディ・マーフィー・コーケルと話をした記憶はなく、また仮に話をしたことはあったがそれを忘れていたに過ぎなかったとしても、タイエが語ったアイルランドの記憶はあまりに詳細で多岐に渡っており、このアイルランド女性がその全てをタイエに伝えることが出来たとはとても考えられないと結論付けるのが妥当なようです。[3]

3.2.1.2「本人しか知り得ない情報を知っている」ことを立証する難しさ
　ブライディ・マーフィーの事例が示すように、本人が過去生の記憶であるとして語ったものが、実は、現世のどこかで入手可能なものであり、本人の意識化にしまい込まれていたに過ぎなかった、そう解釈できてしまう事例は少なくありません。一般に、ある情報について、被験者がそれを絶対に知り得なかったと断言するのは極めて困難だからです。

　まず第一に、被験者の語る情報の入手のしやすさが重要になってきます。たとえば、被験者がジュリアス・シーザーとしての「過去生の記憶」を思い出したとしても、それを真実の記憶だと考える人はそう多くないでしょう。ジュリアス・シーザーはあまりに有名であり、誰にでも入手可能な形で記録に残されていることが非常に多いからです。ジュリアス・シーザーに関するような入手が容易な情報については、過去生の記憶などではなく、現世のどこかでその情報を入手したと考えるのが妥当だと考えられます。したがって、必要なのは、被験者が自分にとって入手不可能な情報を過去生の記憶として語る事例でしょう。ところが、その情報は、被験者にとって入手不可能であるが故に、研究者にとってもアクセスするのが困難であり、それゆえ検証自体が大変難しくなるというジレンマが生じます。

　また、問題となる情報に現世でアクセスしたことがないことを100パーセント証明するには、被験者のそれまでの生育歴の全てを明らかにし、そ

の情報にアクセスする機会が皆無であったことを確認しなければなりません。しかしそれは通常、とても望めないことです。

3.2.1.3 超感覚知覚（ESP）について

　超心理学に明るい読者は、上記に加えて超感覚知覚（いわゆるESP）の問題をあげることでしょう。

　超感覚知覚とは、五感には属さない、通常の感覚を超越した感覚、いわゆる第六感によってなされる知覚のことを指し、通常は、テレパシー、透視、予知の三つに分けられます。

　イギリスの物理学者でダブリン王立科学大学教授のウィリアム・F・バレット（William F. Barrett）(1844-1925) による研究を嚆矢として、超感覚知覚を対象とした実験・研究は数多く行われており、現象そのものの存在自体は認めざるをえません。

　超感覚知覚研究の詳細については、超心理学研究の第一人者である笠原敏雄氏の著作（たとえば『超心理学読本』）をお読みいただくとして、超感覚知覚が存在するとすれば、「生まれ変わり仮説」に対してどのような問題が生じてくる可能性があるのか考えておきましょう。[4]

　その問題とは、もし被験者が超感覚知覚を用いることができるとすれば、その力を用いて過去生の記憶らしきものを知覚できるのではないかというものです。超感覚知覚は必ずしも空間（時には時間）の制約を受けません。文字になった情報であれば、それを遠くから読み取ることが可能です。なんらかの形で文書になっているものを透視で読み取り、それを「過去生の記憶として語っているという可能性も否定できないのです。この考え方にしたがえば、ブライディ・マーフィーの記憶がいかに詳細で多岐に渡っていても、それらが文書として残っているのであれば、タイエが超感覚知覚によってその情報を得たという可能性が残るということです。

もっとも、その可能性は、あくまで理論的にはそう考えられなくもないという程度のことであって、実際には超感覚知覚で過去生記憶を説明するのは難しいと思われます。

　最大の理由は、過去生の記憶として出てくる情報と一般に超感覚知覚でとらえられる情報との差があまりに大きいということです。たとえば透視の実験に用いる有名な ESP カードに書かれているのは「丸」「四角」「十字」「星」「波」といった非常に単純な図形であり、目に見えない場所にある ESP カードに描かれた図形を被験者が当てるという形で調査が行われます。このような実験によってその存在が証明された超感覚知覚と、過去生の記憶として語られる内容との間には、あまりに大きな隔たりがあります。

　もうひとつの理由は、被験者が通常の意味での超感覚知覚的な能力を見せていないということです。もし過去生の記憶が超感覚知覚によって得られたものだとすれば、その被験者は過去生の記憶という特定の情報だけでなく、どんな情報にもアクセスできるはずです。ところが過去生の記憶について語る被験者がそのような能力を示すことはないようです。

　したがって、遠隔地にある文書をすらすら読みとるといった超感覚知覚を持った被験者の存在が実証されない限り、超感覚知覚を持ち出して過去生の記憶に関する議論をムダに複雑にする必要はないように思われます。

3.2.2 複数の人が退行催眠中に思い出した記憶が一致する

　複数の人が別々に「過去生の記憶として語った内容が一致する場合、その記憶は本物である可能性が高くなります。1996 年に出版された、ブライアン・ワイス（Brian Weiss）博士の *Only Love Is Real: Story of Soulmates Reunited*（『魂の伴侶』）には、時空を超えて転生を繰り返した二人の魂が今生で果たす劇的な再会の実話が記されています。

3. 前世療法と「過去生の記憶」

　この物語の主役であるペドロとエリザベスは、いずれもワイス博士のクライアントでしたが、メキシコ生まれのペドロとアメリカのミネソタ州で生まれたエリザベスは、お互いに全く面識はありませんでした。ワイス博士も二人の間に何らかのつながりがあるなどとは夢にも思わず、それぞれの治療を続けていました。

　ところがある時、博士は、ペドロが思い出したパレスチナでの過去生と、エリザベスが思い出したパレスチナでの過去生に奇妙な一致があることに気付きます。

　ペドロが思い出したパレスチナでの過去生は、革の服を着た軍人たちにひどい目に合わされ、愛する娘のひざに頭を乗せながら息を引き取ったというものでした。この過去生でのペドロの名前はエウリまたはエリでした。その2ヶ月ほど前にエリザベスが思い出した物語は次のようでした。

　彼女はパレスチナの陶工の娘でしたが、自分の父親がローマの軍人によって馬のうしろに縛り付けられ、引きずられるという悲劇的な体験をしていました。土ぼこりのひどい路上で、娘に血が流れる頭を抱きかかえられながら、父親は亡くなりました。その父親の名前はエリでした。

　つまり、パレスチナで二人は父と娘という間柄だったのです。

　まったく見知らぬ二人が同じような体験を報告した場合、しかもその時の状況、身体描写、名前まで一致した場合、二人は実際にその体験を共有していると考えざるをえないのではないでしょうか。

　もちろんこの場合も、理論的には、二人の間には超感覚知覚的な力が働いており、たまたま二人が同じビジョンを見たという解釈が成り立たないわけではありませんが、その解釈には相当無理があるように思われます。

3.2.3 催眠状態にある時に、現世の人格が身につけたとは考えられない技能（たとえば外国語を話す）を持っている

　ハンガリー出身の知的巨人マイケル・ポランニー（Michael Polanyi）は、人間の知が、情報としての知、すなわち顕在知（explicit knowledge）と技能としての知、すなわち暗黙知（tacit knowledge）の二つに分けられることを指摘しました。[5] たとえば、自転車についてその形状や機能について知っているのは顕在知ですが、実際に自転車に乗ることができるのは暗黙知です。顕在知は人から人へと簡単に伝達できるのに対し、暗黙知は実際に練習をして技能を身につけることを通してしか伝達（習得）することが出来ません。また、顕在知は簡単に忘れてしまいやすいのに対し、暗黙知は一度身につけてしまうと比較的忘れにくいという性質を持ちます。

　この暗黙知は、最も重要な証拠であると言えます。なぜなら、顕在知（情報）とは違って、書かれた情報を垣間みて身に付けたとか、超感覚知覚を使って身につけたという可能性を完全に排除できるからです。自転車の例で言えば、自転車に関する顕在知、つまり、どんな形をしているか等については、情報へのアクセスは極めて容易です。しかし、自転車に関する暗黙知、つまり自転車に実際に乗れるという技能は、実際に自転車に乗る練習をしていなければ身に付きようがなく、乗る練習をしたことがないのに身に付いているという状況は考えられないということです。

　「過去生の記憶」との関連で重要なのは、もし催眠中の被験者が今生で身につけたとは考えられない技能を持っていたとすれば、それは本物の過去生から受け継いだことを示す有力な証拠だと考えられる点です。このような技能として一番の候補になるのが外国語です。すなわち、もし被験者が退行催眠中に、今生で身につけたはずのない言語を理解したり使ったりすることができれば、被験者が思い出したのは本物の「過去生の記憶」と考えざるをえないということです。

3.3 異言（現象）

3.3.1 glossolalia と xenoglossy

　当人が知らないはずの言語を話したり書いたりできる現象のことを異言と言います。宗教の世界において時折見られる現象で、中でも有名なのは、キリスト教の『聖書』の中にある、聖霊の降臨によってガリラヤ人達が突然外国語を話すようになったという話でしょう。

　聖書では、次のように記されています（『新改訳　新約聖書 —詩編付—』日本聖書刊行会、「使徒の働き」2.1-2.13 より）。

　五旬節の日になって、みなが一つ所に集まっていた。すると突然、天から、激しい風が吹いて来るような響きが起こり、彼らのいた家全体に響き渡った。また、炎のような分かれた舌が現れて、ひとりひとりの上にとどまった。すると、みなが聖霊に満たされ、御霊が話させてくださるとおりに、他国のことばで話しだした。
　さて、エルサレムには、敬虔なユダヤ人たちが、天下のあらゆる国から来て住んでいたが、この物音が起こると、大ぜいの人々が集まって来た。彼らは、それぞれ自分の国のことばで弟子たちが話すのを聞いて、驚きあきれてしまった。彼らは驚き怪しんで言った。「どうでしょう。いま話しているこの人たちは、みなガリラヤの人ではありませんか。それなのに、私たちめいめいの国の国語で話すのを聞くとは、いったいどうしたことでしょう。私たちは、パルテヤ人、メジヤ人、エラム人、またメソポタミヤ、ユラヤ、カバドキヤ、ポントとアジア、フルギヤとパンフリヤ、エジプトとクレネに近いリビヤ地方などに住む者たち、また滞在中のローマ人たちで、ユダヤ人もいれば改宗者もいる。またクレテ人とアラビヤ人なのに、あの人たちが、私たちのいろいろな国ことばで神のおおきなみわざを語るのを聞こうとは。」人々

はみな、驚き惑って、互いに「いったいこれはどうしたことか」と言った。しかし、ほかに「彼らは甘いぶどう酒に酔っているのだ」と言ってあざける者たちもいた。

ガリラヤではイエスが使っていたとされるアラム語とギリシア語が使われていましたが、ガリラヤ人達が突然それ以外の言語で話し出したので、人々が驚いたというのです。

　新訳聖書は古典ギリシア語で書かれています。ガリラヤ人たちが異国の言葉で話をしたという、この部分は、「舌で話す」glossolalia（← glossa「舌・言語」＋ lalein「話す」）と表現されています。このことから、宗教世界においては本人が知らないはずの言語を使い出すという現象を一般にglossolalia と呼んでいます。

　この現象は宗教以外の場面でも見られます。1節でも紹介した、ノーベル生理学・医学賞受賞者のシャルル・R・リシェ（Charles R. Richet）（1850-1935）は、憑依状態（いわゆる「霊」が憑いて別人格に変わったように見える状態）にある霊媒が本人が知らないはずの言語を書くという事例をいくつか分析し、この現象を xenoglossy（xeno「異国の」＋ glossa「舌・言語」）と呼びました。宗教以外の分野ではこちらの用語が一般的です。日本語では両者を区別せず「異言」という訳語を使います。[6] なお、ここでは、本人が知らないはずの言語および現象のいずれも「異言」と呼びますが、特に現象であることをはっきりさせたい時には「異言現象」と呼ぶことにします。

3.3.2 二種類の異言
異言には朗唱型異言（recitative xenoglossy）と応答型異言（responsive xenoglossy）の2種類があります。

3. 前世療法と「過去生の記憶」

　朗唱型異言とは、知らないはずの言語を話したり書いたりすることはできるけれど、それを使って母語話者とコミュニケーションすることはできないという場合です。異言として報告されている多くの事例はこちらに属し、詳しく調べてみると、無意識のうちに記憶していたものが何かの拍子に出てきただけという場合が多いようです。何気なく耳にした音声を無意識に記憶してしまうということはよくありますので、朗唱型の異言、特に外国語の一節が口をついて出てくるだけという場合は、過去生に由来する可能性は薄いでしょう。
　一方、応答型異言は、母語話者と意志の疎通ができるという場合です。幼少時に使っていた言語が何かの拍子に口をついて出てくる、しかし、本人が昔その言語を使っていたという可能性がなければ、こちらは過去生の検証手段として大変有力な現象です。

1. Googleで「前世療法」を検索したところ、202,000件のヒットを得ました（2010年4月18日）。
2. ただし、これらの著書には、Baker（1982）やVenn（1986）、Spanos, Menary, Gabora, DuBreuil and Dewhirst（1991）らが指摘するように、証拠としてあげられている「事実」や論証に問題があるものも少なくありません。
3. このブライディー・マーフィー論争の詳細については、Ducasse（1961）に詳述されています。
4. 笠原（2000, pp. 21-97）に、原著論文に言及した、丁寧なESP研究の紹介がなされています。
5. Pollanyi（1958）を参照してください。
6. xenoglossyの訳語として、田中千代松編（1984）『新・心霊科学事典』では、glossolaliaの訳語と同じ「異言」が充てられています。これに対し、笠原敏雄氏は、xenoglossyを「真性異言」と訳し、glossolaliaの訳とは区別しています（たとえば、Ian Stevenson（1984）の訳である『前世の言葉を話す人々』）。しかし、「真性」という表現は言語のxenoglossyにはない「本物」というニュアンスが入ってしまうので適切ではないように思われます。

>4. 退行催眠中の異言とその実例<

4. 退行催眠中の異言とその実例

　退行催眠中に過去生で使っていた言葉を思い出す現象は少なくないようです。たとえば、ブライアン・ワイス博士は2004年の著書、*Same Soul, Many Bodies*（『未来世療法：運命は変えられる』）で "[s]ome of these patients could speak foreign languages in their past lives that they'd never learned or studied in this one"（私の患者の何人かは過去生に遡った時に現世では学んだことのない言語を話すことが出来ます）と述べています（Weiss 2004, p. 8、大門訳）。

　また、多くの患者を退行催眠で治療した経験を持ち、米国ネバダ州にある代替療法協会（The Alternative Therapies Council）を立ち上げたグレン・ウィリストン博士は1983年の著書、*Discovering Your Past Lives: Spiritual Growth through a Knowledge of Past Lifetimes* の中で読者の質問に答えるという過形で次のように述べています（Williston and Johnstone 1983, p. 246-247、大門訳）。

Do clients ever speak in foreign languages during regressions?
（患者が退行催眠中に外国語を話すことはありますか？）

I have encountered several cases of attempts to speak in foreign languages. However, my instructions at the beginning of a regression to understand and speak only in English unless directed otherwise, keeps [sic] the communication in English. Several times, clients have spoken expressions of their past-life language and uttered expressions upon request. These examples have ranged in quality from greatly distorted to flawless. Of course, the only cases even worth mentioning are those in which the person in this life has not had any education in the foreign language.
（外国語を話そうとする場面は何度かありました。しかし、退行催眠

の最初に、何か別の指示がない限りは英語で話すようにと患者に伝えるので、コミュニケーションは英語で行われます。患者が過去生での言語を話したのでお願いしてその言語を話してもらったことが何度かありました。話す外国語も、非常にブロークンなものから完璧なものまで様々です。もちろん、こうしてわざわざお話する価値があるのは、その外国語を現世で習ったことがないという場合ですが。）

では実際に患者や被験者はどのような異言を話すのでしょうか。具体例を見ていきましょう。

4.1 ジョエル・L・ホイットン博士による報告例

　トロント大学で学位を取り、トロントで心理療法を行っているジョエル・L・ホイットン博士は、1986 年のジョー・フィッシャー氏との共著 *Life between Life*（『輪廻転生』）の中で大変興味深い例を報告しています。ホイットン博士の患者ハロルドは、退行催眠中にソーという名のヴァイキングとしての過去生を思い出し、その時に使っていた言語が聞こえると言い始めました。そこでホイットン博士がハロルドが使っている言語を発音通りに書き留めるように指示すると、ハロルドはこれに応えて 22 の語句を書きました。それらの語句は博士には理解出来ませんでしたが、後に博士が言語学者に確認したところ、10 語は実際にバイキングが使っていた、古ノルド語と呼ばれる言語、残りはロシア語かセルビア語からの派生語であることが確認されました。博士は著書の中でこのうちの 10 語をあげています（Whitton and Fisher 1986, p. 168）。

4. 退行催眠中の異言とその実例

ハロルドの書き留めた語句	対応する言語での単語	意味
YIAK	JAKI（古ノルド語）	氷山
LEJNESVKONJA	NES VIK（古ノルド語）	湾の間の土地、湾
ROKO	ROK（古ノルド語）	嵐
HYARTA KNOLOTTEN	HJARTA（古ノルド語）	心臓
VLOGNIA	LOGN（古ノルド語）	静けさ、静かな天候
NEGI LOKUSNO	LOK LOKS（古ノルド語） NIJE USUSNO（セルビア語）	容器、最後、最後においしくない
YIAK LEDDEREN	JAK LED（セルビア語）	固い氷
KIAK 80 SANTI	SANTI（セルビア語）	流氷
VOLNYKIAGE	VOLNY（ロシア語）	波

　北欧出身で、8世紀～11世紀頃ヨーロッパを席巻し、当時のキリスト教徒達に大変恐れられたバイキング達は、東欧まで浸出したと考えられるので、言葉にロシア語やセルビア語といったスラブ系の言語が入っていても不思議ではありません。

　この事例で特に重要なのは、ハロルドが話したのが現在死語となっている言語だということです。しかも同じ死語でも古典ラテン語や古典ギリシア語のような、教養教育の一環として学ばれることの多い、あるいはかつてはよく学ばれた言語でない点が重要です。ドイツ語やフランス語といった現代語、あるいは古典語であれば、幼少時代にどこかで耳にしたのを忘れていたという可能性を完全に否定するのは困難です。しかし、古ノルド語の場合には、たとえば、親が北欧の専門化であるといった、よほど特殊な環境でなければ、知らず知らずのうちに覚えていたという可能性はまず排除できるでしょう。

　残念ながらホイットン博士の著書では、ハロルドは、行動科学の研究者（当時37歳）としか紹介されていません。もしハロルドが退行催眠を受け

るまで古ノルド語をまったく知らなかったとことが証明されれば、彼の異言は過去生の存在を裏付ける大変有力な証拠となるでしょう。

ハロルドはザンドという名のゾロアスター教の神官としての過去生も思い出し、この時にメソポタミアで紀元 226 年から 651 年までのあいだに使われたパーラヴィー語も書き記しているそうです。西洋世界の多くの人にとってゾロアスター教はヴァイキングよりもさらに馴染みが薄い存在であることを考えると、こちらの例は過去生の存在を裏付けるさらに強力な証拠になると思います。博士の著書で実例があげられていないのは残念というほかありません。

これらの資料の入手可能性およびハロルドとの面談可能性についてホイットン博士に問い合わせてみましたが、ハロルドは既に死去しており、資料も彼が持っていたため入手は不可能とのことでした。残念なことです。

4.2 イアン・スティーヴンソン博士による報告例

退行催眠中に母語話者と対話ができる、そんな劇的な例が 2 例報告されています。いずれも、綿密な調査と緻密な考察に基づく大変優れた「過去生の記憶」を持つ子供達に関する研究を次々に発表している、米国ヴァージニア大学のイアン・スティーヴンソン（Ian Stevenson）博士によるものです。

4.2.1 イアン・スティーヴンソン博士について

「生まれ変わり」の研究という一見従来の科学とは相容れないように思われる研究が世に受け入れられるためには、それが科学的に見て非の打ち所のない水準にあることが要求されます。スティーヴンソン博士の数々の研究はその点で希有の存在です。スティーヴンソン博士の弟子にあたるイアン・タッカー（Ian Tucker）博士の著書 *Life before Life: A Scientific*

4. 退行催眠中の異言とその実例

Investigation of Children's Memories of Previous Lives（『転生した子どもたち：ヴァージニア大学・40年の「前世」研究』）における紹介文を要約する形で、スティーヴンソン博士の紹介をしておきましょう。

イアン・スティーヴンソン博士は、1943年、医学の分野で名高いカナダのマギル大学医学部を首席で卒業した後、生物化学の研究を経て、心と身体との関わりを扱う心身医学に興味を抱くようになりました。1957年には39歳という異例の若さでヴァージニア大学精神科の主任教授に就任、翌1958年には単著論文（共同執筆ではない論文）を70編も発表するに至っていました。

心身医学に加えて超常現象にも関心を持っていた博士は、1958年にアメリカ心霊研究会（American Society for Psychical Research）が懸賞論文を募集した時 "The Evidence for Survival from Claimed Memories of Former Incarnations"（「前世から持ち越したと考えられる記憶による死後存続の証拠」）と題する論文を応募し当選しました。この論文が1960年にアメリカ心霊研究会の機関誌に掲載されると反響を呼び、それを読んだチェスター・カールソン（PPC複写機の基本技術の発明者）が資金提供を申し出、研究が進展することになりました。

博士は、1966年には、「前世」の記憶を持つ子供達に関する最初の著書である *Twenty Cases Suggestive of Reincarnation*（『生まれ変わりを示唆する20例』）を公にしましたが、この書は一流の医学雑誌である *American Journal of Psychiatry*『アメリカ精神医学誌』をはじめとする数多くの専門誌の書評欄で取り上げられ、好意的に評価されました。

1967年、カールソンによる資金提供のおかげで精神科の主任教授を降りることができた博士は、「生まれ変わり」研究に特化した人格研究室（2006年以降は知覚研究室）を立ち上げ、この研究に専念するようになりました。

翌年カールソンが死亡し研究存続が危ぶまれましたが、遺書に博士の研究のためにヴァージニア大学に 100 万ドルを寄贈する旨記されていたため、博士は研究を続けることが可能となりました。

　その後も博士は数々の研究を発表していますが、その反響の大きさを、学会誌の書評担当者の言葉を引用することで示してみましょう。

　The Journal of the American Medical Association『アメリカ医学協会誌』の書評担当編集者レスター・S・キング（Lester S. King）氏は「生まれ変わりに関して、[スティーヴンソンは] インドの一連の詳細な例を感情を交えることなく入念に収集した。それらの証拠は「生まれ変わり」以外で説明するのは難しい」と述べ、さらに「スティーヴンソンは無視できない大量のデータを収集した」と記しています。

　1977 年、*Journal of Nervous and Mental Disease*『神経・精神病学誌』は紙面のほとんどをスティーヴンソン博士の生まれ変わり研究に充てた特集号を発行し、博士の論文とそれについての論評を掲載しました。その中で精神医学会では有名なハロルド・リーフ（Harold Lief）博士はスティーヴンソン博士を「几帳面で、注意深く、慎重な研究者でその人格は強迫的と言ってもいいほどである」と評し、さらに「スティーヴンソンは巨大な誤りを犯しているか、『20 世紀のガリレオ』として知られるようになるかのどちらかであろう」と述べています。

　スティーヴンソン博士の研究に触発されて生まれ変わり研究に従事する研究者が増えており、その中にはインドの心理学者サトワント・パスリチャ（Satwant Pastricha）、アイスランド大学の心理学者エルレンドル・ハラルドソン（Erlendur Haraldsson）、ハーバード大学で博士号を取得した人類学者アントニア・ミルズ（Antonia Mills）などがいます。スティーヴンソン博士は残念ながら 2007 年に亡くなりましたが、愛弟子の Ian Tucker をはじめとする多くの研究者が彼の志を継いで研究を行っています。

4.2.2 イェンセンの事例

　1955年から1956年にかけて、英語を母語とするアメリカ人の女性（匿名）が催眠状態にある時に、イェンセン（Jensen）という「過去生の男性人格が登場しました。この女性は、ユダヤ系の両親の元フィラデルフィアで育っています。父親も母親もロシアのオデッサ生まれの移民です。両親をはじめこの女性の生育歴を見る限り、スウェーデン語を学んだ形跡はないにも関わらず、退行催眠中に登場するイェンセンはスウェーデン語の母語話者と会話をすることが出来ました。イェンセンの話すスウェーデン語にはノルウェー語なまりがあり、また自分の住んでいる場所をはじめいくつかの地名を明らかにしましたが、現在の地図でどこに相当するのかは特定出来ませんでした。

　イェンセンの登場した退行催眠セッションは8回行われましたが、スウェーデン語の母語話者と直接話をしたのは第6〜第8回のセッションです。

　イェンセンの事例を報告した1974年の著書 *Xenoglossy: A Review and Report of a Case*（『異言：事例の検討と報告』）では、166ページ（pp. 299-264）にわたって第7回目のセッションにおけるイェンセンとスウェーデン語話者との会話の記録が掲載されています。その一部を以下にあげておきます（Stevenson 1974, pp. 117-118、日本語は大門訳）。

母語話者：　Vad vill du ha att dricka?（何を飲みたいかね）
イェンセン：　Brännvin.（ブランデー）
母語話者：　Brännvin?（ブランデーだって？）
　　　　　　Hur mycket vill du ha?（どれくらいほしい？）
　　　　　　Stort glas?（大きいグラスかい？）
イェンセン：　Stört.（大きい）
母語話者：　Stort glas?（大きいグラスかい？）

Ja, du skall få det, Jens.（分かった、あげるよ、イェンセン）

　これは母語話者がイェンセンを（仮想の）酒場に連れてきてお酒を飲ませようとしている場面です。この後、酔っぱらったイェンセンとスウェーデン語話者との会話が続きます。

　スティーヴンソン博士によるイェンセンの報告で特筆すべきなのは、彼が著書で「信頼できる研究者に対してはイェンセンの会話を録音したテープを貸し出してもよい」と明言しているそのオープンな姿勢です。筆者はこのテープを貸してもらえないか、スティーヴンソンの弟子にあたるジム・タッカー博士に連絡を取りました。しかし、スティーヴンソン博士の残した膨大な資料は整理中で今すぐにテープを見つけることはできそうにないとのことでした。ヴァージニア大学ではスティーヴンソンの残した資料の電子化を進めているとのことなので、いつかこのテープについても公開される日が来ることを期待しています。

4.2.3 グレートヒェンの事例

　英語を母語とするアメリカ人女性ドロレス・ジェイ（Dolores Jay）氏が催眠状態にある時に登場したグレートヒェン（Gretchen）という女性人格は、母語話者とドイツ語で会話をすることが出来ました。ウェスト・ヴァージニア州で生まれ育ったドロレス・ジェイは、同州育ちで牧師のキャロル・ジェイ（Carrol Jay）氏の妻でした。教区の信者の治療のために催眠を用いていたキャロル・ジェイ氏が妻に催眠をかけたところ、ドイツ語を話すグレートヒェンなる人格が出現したのです。グレートヒェンの話した内容を詳細に分析した結果、スティーヴンソン博士は、彼女が19世紀最後の四半世紀にドイツで人生を送ったと考えるのに十分な証拠があると考えています。グレートヒェンがドイツ語を話したセッションは19回

4. 退行催眠中の異言とその実例

に及んでいます。

グレートヒェンの事例を報告した 1984 年の著書 *Unlearned Language: New Studies in Xenoglossy*（『前世の言葉を話す人々』）では 34 ページ（pp. 170-203）にわたってグレートヒェンがドイツ語で会話する様子が記録されています。その中の一部を以下に引用しておきます（Stevenson 1984, p. 176、日本語は大門訳）。

母語話者：　　　　　Gehst du denn zur Kirche?（教会には行きますか）
グレートヒェン：　　Ja.（はい）
母語話者：　　　　　Wo ist denn die?（それはどこにあるのですか）
グレートヒェン：　　Kirche.（教会）Was?（何）
母語話者：　　　　　Lass uns zusammen zur Kirche gehen.（一緒に教会に行きましょう）Was siehst du?（何が見えますか）
グレートヒェン：　　Ich gehe der Kirche.（教会に行きます）
母語話者：　　　　　So gehen wir zur Kirche.（はい、教会に行きましょう）Was siehst du jetzt?（何が見えますか）
グレートヒェン：　　（長いポーズの後）Nichts.（何も）
母語話者：　　　　　Nun ist es Sonntag.（日曜ですよね）Es ist Sonntag in der Kirche.（教会の中は日曜ですよね）Was siehst du?（何が見えますか）
グレートヒェン：　　Ja.（はい）Sonntag Kirche.（日曜、教会）Kirche.（教会）
母語話者：　　　　　Was siehst du?（何が見えますか）
グレートヒェン：（長いポーズの後）Sie horen.（彼らは聞いています）

ややちぐはぐな印象ですが、一応会話は成立しているようです。

4.2.4「生まれ変わり」か「憑依」か

イェンセンやグレートヒェンのような例は「生まれ変わり」としてではなく、憑依として説明すべきではないかという意見があるかも知れません。つまり、霊、魂、意識体、あるいはそれを何と呼ぶかはともかくとして、肉体を持たない人格のようなものが存在し、それが催眠中の被験者にいわば取り憑くという可能性です。

「生まれ変わり」と「憑依」を明確に区別するのは難しいとしながらも、イェンセンの事例を分析したStevenson (1974, pp. 79-85) は、イェンセンの事例は次の四つの理由で憑依ではないと考えています。

ひとつは、イェンセンの人格が出現している時にも英語が理解でき、話すことができるということです。もしイェンセンが「憑依」人格であれば、母語ではない英語を理解できる事実が説明出来ません。

二つ目の理由は、イェンセンが催眠によってのみ出現するという事実です。

三つ目の理由は、もし「憑依」であれば、何故スウェーデンを故郷とするイェンセンがわざわざアメリカに出現したのかを説明する必要が出てきます。

四つ目の理由は、イェンセン人格が出現している時にも、元の人格には独立の自己としての意識があるらしいという事実です。この点、後に見るシャラーダやルチアの事例とは大きく異なります。

4.3 参考：憑依らしき事例

イェンセンやグレートヒェンの事例とは違って、憑依と考えた方が適切に説明できそうな、異言現象を伴う事例が二つ報告されています。参考までに紹介しておきましょう。

4.3.1 シャラーダの事例

スティーヴンソン博士がグレートヒェンの事例を報告した1984年の著書で報告しているものです。

1973年にインドで発生した事例で、マラーティー語を母語とする女性ウッタラ（Uttara）がトランス状態になり、シャラーダ（Sharada）と名乗る女性人格が現れました。シャラーダはウッタラの母語であるマラーティー語は話さず、ベンガル語を流暢に話しました。イェンセンやグレートヒェンは催眠中に登場した人格ですが、シャラーダは覚醒中に突然出現しました。スティーヴンソンが現地に赴きこの事例について調査を始めたのは1975年のことですが、調査に区切りをつけた1980年にもまだシャラーダの出現は続いていました。

シャラーダは両親や親族の名前、自分に馴染みのある土地の名前など自分についてかなりのことを語り、またその多くは実在しましたが、シャラーダが生まれ育ったと考えられる家族を正確に突き止めることは出来ませんでした。

言語だけでなく、その立ち振る舞い、習慣など全てベンガル風で、明らかにマラータ族のウッタラとは異なっていました。たとえば、ウッタラより頻繁に食を断つ（断食する）、椅子にではなく床に坐る、夫の名前を聞かれた時、顔を赤らめる、ほとんどの時間を一人でベンガルの宗教書などを読んで暮らす、など、ウッタラには見られない少し古風なベンガル女性の特徴を見せました。また、シャラーダの両親をはじめマラーティー語を話す人達に囲まれながら、マラーティー語を話そうとはせず、マラーティー語を粗野な言語だと軽蔑しているようでした。

シャラーダ人格が出現している時にはウッタラとしての人格は見られなくなり、ウッタラとしての人格が現れている時にはシャラーダ人格は登場しません。シャラーダが出現する時にはまるでウッタラの人格がどこかに押

しやられ、シャラーダに乗っ取られるような感じです。ウッタラに戻った時にはシャラーダとしての記憶はなく、シャラーダにはウッタラの記憶はありません。

　このような完全に二つの人格が分離しているような場合には、過去生の人格の出現というより、別の人格の憑依と考えた方がよいでしょう。

　このシャラーダの事例が紹介されているのは、グレートヒェンの事例が紹介されているのと同じ1984年の著書においてですが、シャラーダの話すベンガル語が英語話者には馴染みのないものであるためか、英語訳しか掲載されていません。サンプルとしてその一部を載せておきます (Stevenson 1984, p. 206、大門訳)。

母語話者：	What is your name?（お名前は何ですか？）
シャラーダ：	Mrs. Sharada Devi.（シャラーダ・デーヴィーです）
母語話者：	Who are the other members of your family? （他に家族は？）
シャラーダ：	Father-in-law, mother-in-law, and husband.（義父、義母、そして夫です）
母語話者：	Where do they live?（皆さんはどちらに住んでいますか？）
シャラーダ：	Khulna Shivapur.（クルナ・シヴァプルです）
母語話者：	What is your father's name? （お父さんの名前は何ですか？）
シャラーダ：	Mr. Brajesh Chattopadhaya. （ブラジェッシュ・チャットパダヤです）
母語話者：	Where does he live?（お父さんはどこに住んでいますか？）
シャラーダ：	In Burdwan, near the Shiva Temple. （シヴァ寺の近くのブルドワンです）

催眠中に出現するイェンセンやグレートヒェンと違って、非常にスムーズに会話が成立しているのが分かります。

4.3.2 ルチアの事例

1933年、高い教育を受けた16歳のハンガリー女性、アイリス・ファルザディ（Iris Farczády）が自称41歳の労働者階級のスペイン女性、ルチア（Lúcia）に身体を乗っ取られる（ように見える）事件が起きました。内気で教養あふれるアイリスの性格は、がさつであまり上品とは言えない掃除婦の性格に変わり、アイリスの母語であるハンガリー語はルチアの母語であるスペイン語に完全にとって代わられてしまいました。この事件はマスコミでも広く報道され、有名になりましたが、次第に人々の関心は薄れ、忘れ去られてしまいます。

70年後の2003年、メアリ・ローズ・バーリントン（Mary Rose Barrington）、ピーター・マラッツ（Peter Mulacz）、ティトゥス・リヴァス（Titus Rivas）の3人がこの事件を再調査し、ルチアと名乗る人格に相当する人物がスペインに実在するのかの確認と、86歳になったルチアの言語能力を調べています。

大規模な調査にも関わらず、ルチア人格に相当する人物の特定は出来ませんでしたが、流暢なスペイン語を話すルチアの言語能力は再確認され、資料として残されています。事例報告者のひとり、ティトゥス・リヴァス氏を通じて、筆者が入手した資料の一部を以下に引用します

> リヴァス： Pues, nos ha contado mucho sobre su vida en Mdrid y aquí también.（えー、あなたはマドリッドとここ［ハンガリー］の生活について、たくさんのことを話してくださいましたね。)

ルチア： Sí.（はい）

リバス： Y ya nos ha dicho gue se ha olividado de mucho de la vida en Madrid.（そして、マッドリッドの生活については随分多くを忘れてしまったともおっしゃいました。）

ルチア： Y me había?) olvidado mucho de las calles. Pero yo conocería las calles, momento, en este momento no puedo.（通りの名前も忘れてしまいました。待ってください、思い出すかも、やっぱりダメです。）

リバス： Ya hace mucho tiempo, ¿eh?（もう随分前のことですもんね）

ルチア： Sí, hace mucho tiempo y había?) olvidado mucho, mucho tiempo.（ええ、本当に前のことで、随分忘れてしまいました）

シャラーダの場合と同じように、自然に会話をしている様子が感じられると思います。このように流暢なスペイン語を話すアイリス（現在はルチアの人格）ですが、スペイン語を学んだことがないことは言うまでもありません。

シャラーダの場合には二つの人格が交代して現れましたが、アイリスの場合には、アイリス人格は完全に消え、いわばルチア人格に完全に乗っ取られた状態で今日（引用論文の執筆時点）に至っています。

シャラーダの事例とルチアの事例、いずれも「多重人格」で片付けられるのではないかという意見があるかも知れません。しかし、それでは、シャラーダの話す流暢なベンガル語やルチアの流暢なスペイン語が、どこから来るのかの説明が困難です。「生まれ変わり」とは異なり、ある人格が別の人格に乗っ取られるかのように見える現象は実際に存在し、「生まれ変わり」の事例とは別の説明が必要なことは確かなようです。

>5. 事例報告<

退行催眠中にネパール語を話す日本語話者の例

5. 事例報告

　ここでは、筆者達の研究グループが調査した事例について記したいと思います。[1] グループの構成員は、岐阜県の公立中学校の元教頭で学校心理士である稲垣勝巳氏、さかえクリニック院長の末武信宏氏、中部大学人文学部日本語日本文化学科准教授の岡本聡氏、そして筆者の4名です。

　筆者たちが研究の対象としたのは、中部地方に住む元栄養士の主婦、里沙さん（仮名）です。里沙さん（当時47歳）は2005年6月4日（土）、某大学で行われた70分に及ぶ催眠セッションで、二つの「過去生」を思い出しています。セッションは信頼できる研究者（皇學館大学臨床心理学者市川千秋教授、県立多治見病院消化器外科部長酒向猛医学博士、教育催眠学会理事伊川義安氏）の立ち会いのもと、稲垣氏の手によって行われ、その様子はビデオ撮影されています。[2]

　里沙さんが思い出した「過去生」の一つは江戸時代の渋川村で人柱になって死んだタエという少女のもの、もう一つはネパールのナル村の村長であるラタラジューのものです。この時のセッションの内容と詳しい分析については稲垣（2006）に詳述されています。

5.1 2005年の催眠セッションに登場した二つの人格
5.1.1 タエの事例

　タエの事例については、稲垣（2006）での報告の概略のみを記すことにします。

　タエは、江戸時代、浅間山の大噴火の時に人柱となって死んだ少女でした。セッション中にタエ人格が語った12の点について、稲垣氏が調査したところ、全て史実と一致するか、一致すると推測されることが分かりました。それらのうち、長文の説明を要しない10点について以下に記します。[3]

①年号：タエが13歳の時に、「安永9年」、16歳の時に「天明3年」と語ったが、いずれも史実と一致している。
②地名：上州上野国渋川村上郷という地名を語ったが、現在は群馬県渋川市上郷となっている。渋川市教育委員会小林良光氏を通じて「上郷」の地名が天明年間にも存在していたことを確認。
③タエが人柱となった吾妻川について：利根川の支流にあたり、現渋川市北部で利根川と合流していることを確認。
④天明三年に浅間山が大噴火したと語ったことについて：『渋川市史』巻二、「天明の浅間山大焼(おおやけ)」の項の記載で確認。
⑤イコのことを「おカイコ様」と呼んだことについて：史実と一致すると推測される。
⑥渋川村の降灰量について：「白い灰が毎日積もります」「軒下（まで積もった）」と語っている点、渋川村の記録としては確認できなかったが、軽井沢等の記述から判断して可能であると推測される。
⑦噴火の時に雷に言及したことについて：噴火にともなって雷が生じることは事実ある。
⑧「昼間だけど真っ暗で、提灯が」と語ったことについて：『渋川市史』巻二「天明の浅間山大焼」の項の記述と一致。
⑨馬頭観音を「ばと様」と呼んだことについて：渋川市上郷良珊寺僧侶に確認したところ、現渋川市でも馬頭観音を「馬頭様」「ばと様」と呼んでいるとのこと。
⑩「噴火」という語を理解できなかったことについて：当時、浅間山の大噴火を「浅間山大焼」と呼んでいたことから、「噴火」という語は一般的ではなかったと推測。

　実は、セッションでは「偉大な存在者」なるものが登場し、もう少し史

5. 事例報告

実に関連する内容が追加されるのですが、煩雑になるのでここではこれ以上立ち入らないことにします。

5.1.2 ネパールの村長、ラタラジューの事例

里沙さんが同じセッションで思い出したもう一つの「過去生」は、ネパールの村長であるラタラジューとしての人生でした。この「過去生」は、今回の報告に深く関わるので稲垣（2006, pp. 177-184）からセッションの内容を引用しておきます。なお、本稿で「ラタラジュー」と表記している村長の名前は、「ラタ・ダジュール と記されています。

稲垣：じゃあ、里沙さんの魂に戻ってください。あなたは、おタエさんが最初の人生でした。その後にも生まれ変わりを繰り返したといいます。里沙さんに生まれ変わる直前の人生に戻ってください。その人生の一番楽しかった場面に戻りますよ。じゃ、三つ数えると、その場面をはっきり思い出すことができます。1、2、3。はっきり思い出しましたか？

里沙：……ラタ・ダジュール。……ラタ・ダジュール。

稲垣：あなたは日本人ではないですか？

里沙：ネパール。

稲垣：ネパール人？

里沙：ゴルク。

稲垣：ゴルカ？

里沙：ラー。ラタ・ダジュール。

稲垣：それは何語か分かりますか？　私の言ってることが分かりますか？　今、お話したのは日本語ではないですね。何語でしょう？

里沙：ネパール。

稲垣：ネパール語？　で、何てお話してくださったんですか？　翻訳してください。

里沙：……わたしは、ネパール、ナル村に住むラタ・ダジュールという村長です。

稲垣：男性ですか。

里沙：そうです。

稲垣：あなたの奥さんの名前は？

里沙：……ラメリ。

稲垣：子どももいますね。上の子の名前は？

里沙：……アディス・クジャウス。

稲垣：そのネパール語で、あなたの一番楽しかった場面をゆっくりお話してください。

里沙：……

稲垣：お話できませんか？　その場面をぜひともお話してください。はっきり分かりますよ。それがあなたの前世を証明する証拠の一つになるかもしれません。ゆっくりと発音してくれませんか。

里沙：……

稲垣：じゃ、「わたしは、ネパールのナル村の村長です」って、ネパール語で言ってくれませんか。

里沙：アディドゥーダ、イリ、ナル、アディス。

稲垣：「わたしには子どもが何人いて、長男の名前はだれだれです」と言ってもらえませんか。

里沙：……

稲垣：はっきり思い出すことができますよ。あなたが生きた人生ですからね。ネパール人として、村長として。「わたしには何人の子どもがいて、上の子の名前はこれこれです、下の子はこれこれ

5. 事例報告

です、妻はこれこれです」と言ってください。
里沙：……ん。
稲垣：出てきませんか？　それじゃ、これからゆっくり5つ数えるとはっきりと頭の中にすーっと浮かんできますよ。1、2。だんだん鮮明になってきました。3、ずーっとはっきりしてきた。4、もう当時の言葉がすらすら話せる状態ですよ。5。もう話せますよ。さあ、お話してください。
里沙：……ん。
稲垣：じゃ、簡単にしましょう。「わたしの妻の名前はこれこれです」でいいですよ。それなら言えるでしょ？
里沙：アードゥー、カドゥール、ナトリ、メモリス。
稲垣：じゃ、少し頭を冷やしましょう。これからちょっとの間休みましょう。また声をかけるまで、ゆっくり頭を冷やしてください。（5分ほど休憩）では、続けましょう。あなたが村長さんとして生きているネパールの国王の名前は分かりますか？
里沙：グルカ。グルカ・コスターレス。
稲垣：あなたが村長さんでいらっしゃる、生きているのは何年ですか？　西暦で答えられますか？　西暦分かりませんか？
里沙：西暦？
稲垣：西暦が分かりませんか。何年のお話でしょう。
里沙：59歳。
稲垣：あなたの年齢ですね、それは。何年のことか分かりませんか？　私が何を聞いてるか理解できませんか？
里沙：分からない。
稲垣：そうですか。それじゃだめですね。国王の名前は分かるのですね。
里沙：グルカ。

稲垣：そのときにカレンダーはないんでしょうか？　あなたの生きている59歳のときの。
里沙：カレンダー？
稲垣：ネパールにはカレンダーがない？（里沙頷く）今、あなたはどこにいるのですか？
里沙：畑。
稲垣：周りを見てください。何が見えますか？
里沙：沼地。……虫、虫！
稲垣：虫がいますか。刺しますか？
里沙：（頷く）……ヒル。
稲垣：でも、楽しいことがきっとある人生でしたよ。そこへ生きましょう。もう少し進めましょう。どんな楽しいことがありましたか？
里沙：……
稲垣：じゃ、指定しますよ。あなたは村長さんでしたから、きっと楽しい食事ができたはずですよ。家族と一緒の夕食の場面へ行きましょう。三つで行きますよ。1、2、3。食卓を囲んでいますか？　ごちそうですか？　何を食べるんですか？
里沙：トウモロコシ。
稲垣：そのまま食べるのですか？
里沙：粉。蒸す。
稲垣：パンみたいにして食べるのですか。ほかには何か食べるものありますか？
里沙：イモ。
稲垣：ジャガイモ？　サツマイモ？　どんな芋でしょう。
里沙：……イモ。

5. 事例報告

稲垣：何か牛乳みたいなものありますか？　バターとか。
里沙：ない。
稲垣：それでは、あなたの人生を終える場面へ行ってみましょうね。その場面で、あなたがその人生で何を学んだのか、一番よく分かりますよ。じゃあ、死の間際へ行きましょう。死はね、蝉が殻を脱いで飛び立つように、次の新しい人生へ飛び立つ入り口ですから、何も恐いことはありません。それでは、三つ数えると、あなたの死の間際まで行きます。1、2、3。……今どこにいますか。
里沙：家。寝てる。
稲垣：今、あなたはどうしてますか？　病気ですか、老衰ですか？
里沙：老衰。
稲垣：年は何歳ですか。
里沙：78。
稲垣：周りに誰かいてくれますか？　妻はいますか？　子どもは？
里沙：妻はいる。子どもはそばにいない。
稲垣：その家族の誰かと、現世の里沙さんと深いつながりのある人はいませんか？
里沙：いない。
稲垣：老衰で亡くなりますよ……。今、あなたは肉体を離れました……。あなたは、そのネパール人の人生で何を学びましたか？　どんなことを学びましたか。
里沙：生きて、人と、平和な、村を守る、喜びを、感じました。願わくは、字が読めるようになりたかった……。
稲垣：ああ、あなたは、字が読めなかったのですか。
里沙：はい、勉強をしたかった……。

稲垣：あなたは今魂なんですが、次は里沙さんに生まれ変わるわけですか？
里沙：はい。
稲垣：これまで、二つの人生を見てきました。これから、あなたは、現世の里沙さんの身体の中に戻りますよ。そのときには、この二つの人生で見た学びをしっかり生かして、これからの里沙さんの人生を、より充実して生きる力がきっと生まれていますよ。いいですか。きっと素敵な人生を送れます。難病に耐えて、あなたは自分の使命を果たす勇気と力を取り戻して、たくましく生きることがきっとできますよ。では、ゆっくり五つ数えます。目が覚めたときには、すっきりしてとても気持ちよく目が覚めます。そして、今の催眠中に起きたことは、すべてはっきり思い出すことができます。いいですか、ではゆっくり戻りましょう。1、2、3。もう戻ってきますよ。4、もう身体に入りましたよ。5。さあ、これですっかり里沙さんの身体に入りました。ゆっくり、目を開いていいですよ。とっても疲れましたね。よくがんばりました。でも、がんばっただけのことはきっと起きますからね。きっとプラスになっていますからね。

　稲垣（2006）では、この過去生についても、語られた重要な点について調査がなされています。その結果は以下の通りです。

①ゴルカまたはグルカについて：「ゴルカ」は、首都カトマンズの西方、ポカラへの道半ばの山地にある場所として実在。
②ナル村について：インターネット上のネパール地図で検索した限りでは、ナルマという地名はあるが、ナル村という地名は見つからなかった。

③国王グルカ・コスターレスについて：確認できなかった。
④語られたネパール語について：二名に鑑定を依頼したが、一名からはネパール語とは関係ないとの回答。もう一名からは音声が不明瞭で鑑定できないとの回答があった。
⑤暦を知らないらしいことについて：ネパールの公式の暦はヴィクラム暦という太陰太陽暦。しかし現在でも村長レベルではネパール暦のカレンダーはないことが多い。文盲も多い。従って、ナル村の村長が暦を知らないことは事実と矛盾しないと考えられる。
⑥食事について：ゴルカ地方の村ではトウモロコシやコクビエなどの畑作を生計の中心としており、事実と矛盾しない。

以上のように、2005年のセッションの時点ではラタラジュー（ラタ・ダジュール）の存在を裏付ける証拠はほとんど確認できず、過去生の記憶と断言することは難しいと判断した稲垣（2006, p. 219）は、次のように述べて検証を終えています。

タエの前世の記憶が、一回目より二回目のセッションで鮮明に語られたように、ネパール人ラタ・ダジュールの前世を探るセッションが再度許されるならば、さらに詳しい検証事項が語られる可能性があり、その検証結果によっては支持できる仮説が明らかになることがあるのではないかと思われます。

5.2 ネパール人による検証

2009年、筆者達が、稲垣（2006）の執筆時点ではネパール語ではないらしいと判断された外国語らしき発話を中心に、セッションの音声を3人のネパール人に鑑定してもらったところ、次のような回答を得ました。[4]

セッションでの音声の鑑定結果

項目	稲垣（2006）での表記	ネパール語話者の判断
住んでいる地域	ゴルク	Gorkha 実在の県名。
住んでいる村	ナル村	村の名前としては実在しない。Namjung 村は実在するので、そのように言っているのではないか。
自分の名前	ラタ・ダジュール	Rataraju 一般的ではないが、確かにネパール人の名前である。
妻の名前	ラメリ	Rameli ネパール人の名前である。
息子の名前	アディス・クジャウス	二つの名前を続けている。一つ目の Adish はネパール人の名前。「クジャウス」という名前は実在しない。実在する名前である Kailash と言っているのではないか。
国王の名前	グルカ・コスターレス	「コスターレス」は実在しない。実在する名前 Kaushar と言っているのではないか。
「わたしは、ネパールのナル村の村長です」と言ってくださいという依頼に対する回答	アディドゥーダ、イリ、ナル、アディス	Aru Vanda Eni Yada Aucha（?）意味は「他の人と比べると彼女を思いださせる」となり、答えとしてはふさわしくない。
「わたしの妻の名前はこれこれです」と言ってくださいという依頼に対する回答	アードゥー、カドゥール、ナトリ、メモリス	Ma Aja Kathmandu magai Mugulin（?）意味は「今日私はカトマンズからムグリンに行って」となり、答えとしてはふさわしくない。

　「ナル村」「クジャウス」「コスターレス」は実在しないと判断されるものの、それ以外については、実在の名前であることが分かりました。また、実在しないと判断されるものについても、「このように言いたかったのではないか」との示唆がなされました。さらに、2005年の調査で「ネパール語ではない」あるいは判定不能と判断された発話部分が、質問に対する

正確な答えにはなっていないものの、確かにネパール語であるということが確認されました。

　本人の説明、および近親者の証言では、(当時の)里沙さんにはインターネットを使う習慣はないとのことでした。念のため、固有名詞について、インターネットで検索してみたところ、次のような結果を得ました。

2009 年 4 月 13 日の時点での Google による検索結果

語	ローマ字で検索した結果（ヒット数）	カタカナで検索した結果（ヒット数）
Gorkha（ゴルカ）	375,000	15,500
Rataraju（ラタラジュー）	2	0
Rameli（ラメリ）	17,300	538
Adish（アディッシュ）	93,400	128,000
Naru（ナル）	3,070,000	1,740,000

　ここで注目すべきは、「ラタラジュー」のヒット数の少なさです。しかも、ローマ字で検索してヒットした 2 件を見てみると、実際には rataraju の文字列は見つかりませんでした。その他の名前については、たくさんヒットするのでインターネットで情報を得たと考えられなくもありませんが、一番重要なラタラジューについてはその可能性はなさそうです。(もちろん、2005 年のセッション以前に「ラタラジュー」または rataraju の文字列を含んだページが存在しており、その後削除されたという可能性は残ります。)

　また、ネパール語話者によれば、「ラタラジュー」はネパール人としてありうる名前ですが、インターネットの検索結果が示唆するように、決して一般的な名前ではなく、ネパール人以外が知っていることは少ないのではないかとの判断でした。

以上のような分析結果から、里沙さんの「過去生」の記憶にはある程度の信憑性があるらしいことが分かりました。そこで、筆者達は、里沙さんに依頼し再度ラタラジューを呼び出すセッションを行いました。

5.3 ナル村発見

　セッションについて述べる前に、ラタラジューが長を務めていたと語ったナル村について、大きな発見があったことに触れておきましょう。それは、インターネットで「ナル村」を検索していた稲垣氏が2009年5月21日、「ナル村」という名前を発見したことです。青年海外協力隊のボランティア募集のページ（要請番号：JL06009A13）で、以下の引用の中程に見られるように、「要請理由・前任者の活動状況」という項目の一部に「ターゲットエリアとしているナル村及びレレ村は」という一文がありました。

要請理由・前任者の活動状況（プログラム補完短期ボランティアの場合は補完対象プログラム／ボランティアの概要を含む）
配属先は、上述のコミュニティ開発センターを拠点に、同国農業局、小規模農家に対する灌漑施設及び高付加価値作物の普及を行っているNGO、及びJICAとの連携事業として、カトマンズ盆地内周辺におけるコミュニティ開発を行うことになっている。当配属先がターゲットエリアとしている<u>ナル村</u>（下線筆者）及びレレ村は、組織化を通じて農業分野での収入向上活動を行っているが、自家消費にとどまっている。メンバーのほとんどは女性であり、字の読み書きが困難な人も多い。今後、対象の村落部で住民が抱える課題に取り組みながら、地域開発を行っていくためにボランティアが要請された

ちなみに当該のページは、2009年9月には消失していました。

　稲垣氏の調査と平行して筆者自身もNaru、Naluなどローマ字表記を中心に検索し、またGoogle Mapを含む様々なネパールの地図を調べたり、ネパール語話者、カトマンズ大学関係者、ネパールのマスコミなどにも問い合わせましたが、村の実在は確認できていませんでした。しかし、カトマンズ周辺に実在するという手がかりを得て再調査を行ったところ、ナル村はゴルカ地方に隣接するラリトプール（Lalitpur）地方にあるということが分かりました。ローマ字表記はNalluで、Wikipediaにも記載されていることが分かりました。WikipediaのNalluの項目によれば、1991年の調査では320世帯、1849人の小さな村だとのことです。また、人口の96.7%はタマン族（Tamang）で、ほとんどの人はネパール語を解するものの、母語はタマン語だということも分かりました。

　ラタラジュー人格の語った村が実在することがはっきりしたので、ネパール大使館にナル村の村長の記録の有無を問い合わせましたが、明確な返事は得られませんでした。

5.4 ネパール語セッション

　ラタラジュー人格を呼び出すセッションは、2009年5月9日、名古屋市内のさかえクリニックで行われました。同席したのは、被験者、里沙さんと筆者達4人に加え、ビデオ収録を担当したさかえクリニック企画秘書室長山口一輝氏、およびネパール語母語話者で朝日大学大学院生のパウデル・カルパナ氏（女性）の合計7人です。

　稲垣氏が退行催眠の施術を行い、ネパール人の村長であるラタラジュー人格を呼び出した後、カルパナ氏がネパール語で被験者に話しかけるという方法でセッションは進められました。

　セッションの結果、被験者と母語話者の間には、約24分にわたって会

話が成立しました。そこで、被験者と対話をしたカルパナ氏、および中部大学国際人間学研究所客員研究員カナル・キソル・チャンドラ氏の助けを借りて、対話データの分析を行いました。

5.4.1 会話の「成立度」について

どの程度会話が成立しているかを調査するため、約24分の会話を区切りのいい81の部分に分け、比較的やり取りのしっかりしている1から70までの部分それぞれについて検討しました。なお、巻末に、ラタラジュー人格とネパール語母語話者であるパウデル・カルパナ氏との会話を書き起こしたものを掲載しています。以下の「ネパール語会話番号：数字」の表記は、分割された断片につけられた番号を指します。

さて、検討の結果は以下の通りです。[5]

会話の分析結果

対話が成立した部分A	27（38.6%）
対話が成立した部分B	26（37.1%）
ちぐはぐなやり取り	6（ 8.6%）
判断の難しい部分	11（15.7%）
合計	70

「対話が成立した部分A」とは、たとえば、ネパール語で tapaaii.n-ko naam ke ho?（名前は何ですか）と尋ねられた時に mero naam. raataaraaju..（私の名前はラタラジューです）と答えたような場合です（ネパール語会話番号：001）。

「対話が成立した部分B」とは、たとえば kati varSha hunnu-bho?（年はいくつですか）と聞かれたのに ke?（何ですか）と答えたり、ghar-maa shriimatii hunu-hunchha ki hunu-hunna?（家に奥さんはいますか、いませ

んか）と聞かれたのに bujhina.（分かりません）と答えたような場合を指します（ネパール語会話番号：002 および 006）。

「ちぐはぐなやり取り」とは、tapaaii.n ke kaam garnu-hunchha?（あなたはどんな仕事をしているのですか）という質問に対して umer pachchiis nargau.N.（25歳、ナル村）のようにおかしな答えを発した場合を指します（ネパール語会話番号：033）。

「判断の難しい部分」とは、たとえば、aaH …（あー）と言いよどみ、肯定したとも解釈できるし理解できなかったとも解釈できるような場合です（ネパール語会話番号：004）。

「対話が成立した部分A」と「対話が成立した部分B」を合わせれば、会話の成立の割合は、53例（75.7％）という高い数値になります。ただし、「対話が成立した部分B」では、質問を理解していない被験者が適当にBujina（分かりません）といった言葉を発している可能性も否定できないので、「対話が成立した部分A」ほど確実に対話が成立しているとは言えないことに留意しておく必要があります。

5.4.2 初出語の分析

　ここでは、言葉のやり取りにおいて、最初にネパール語の単語を発したのが被験者か母語話者かという点について検討します。被験者の言語能力を計る場合、この区別は大変重要です。なぜなら、ネパール語話者の話した単語をおうむ返しに繰り返すことで、実際には被験者によって理解されていない母語話者の発話が、理解されているかのように見えてしまう可能性があるからです。たとえば khetabaarii chhaina?（畑はありますか）という質問に対し、うなずきながら khetabaarii（畑）とか chhaina（ある）とか返答すれば、たとえ質問の意味を理解しないでその一部を繰り返しただけであったとしても、観察者には質問を理解して「畑がある」と答えて

いると見えてしまう可能性があります。一方、母語話者が発していないにも関わらず、被験者の方が最初に Kethibari chaina のような言葉を発したとすれば、その発話は被験者が本当に理解して発したとものであるとみなすことが出来ます。

そこで、固有名詞を除き、先行の文脈で母語話者が発しておらず、被験者がはじめて発した単語を抜き出しました。それが下に示す20語です。[6]

短時間の会話において、これだけの語を最初に発していることから、被験者はある程度の語彙力を有していると言うことができるでしょう。

被験者が先に発した語

語	意味	ネパール語会話番号
mero	私の	001
ke	何	002
tiis	30	003
ma	わたし	006
bujhina	分かりません	006
ho	はい	011
kodo	コド（穀ビエ）	020
shiba (shibo)	酒（タマン族の古い言葉）	021
dharma	宗教	021
pachchiis	25	033
(Nallu) gau.N	（ナル）村	033
peT	お腹	039
duHkha hunchha	痛い	039
rog	病気	040
guhar	助けて	042
aaTh	8	044
satarii	70	044
daal	ダル（レンズ豆）	050
khaanaa	食べ物	051
saathii	友人	056

5.4.3 特殊な語について

　ラタラジュー人格の語彙の理解に関して、大変興味深い箇所があります（ネパール語会話番号：012）。ネパール語話者が tapaaii.n-ko shriimatii-ko naam ke re?（奥さんの名前は何ですか？）と尋ねた時、最初ラタラジュー人格は理解できなかったようで答えに窮している様子がうかがえます。ここでは「妻」を意味する単語として、現代のネパール語で標準的な shriimati という語が使われています。しかし、その後、母語話者が shriimatii, swaasniko naam?（奥さん、奥さんの名前？）のように、shriimatii を swaasni という語に置き換えて尋ねると、ラタラジュー人格はすぐに mero swaasnii naam raam raamel ... raamelii.（私の妻、名前、ラメ、ラメル、ラメリ）と答えています。

　カナル・キソル・チャンドラ氏の判断によれば、swaasni は非公式、地方色の濃い語で、現在のネパール人や現在のネパール人からネパール語を学んだ学習者であれば、shriimatii を理解せず swaasni を理解するということは考えにくいが、昔のネパール人、特にネパール語を母語としないネパール在住の民族であればありうるとのことです。

　したがって、この部分では、ラタラジュー人格が理解可能な単語が、公式なものではなく非公式なものであるがゆえに、その存在の信憑性が高くなっていると判断できるでしょう。

5.4.4 文法について

　言語には、ラテン語やギリシア語などのように語尾変化の豊かなタイプと、中国語のように活用はなく、個々の単語を並べていくだけのタイプの二つを両極とし、ラテン語やギリシア語寄りのもの、中間のもの、中国語寄りのものなど様々なタイプがあります。ネパール語は特に動詞に関して、比較的活用が複雑な言語で、たとえば、英語の BE 動詞に相当し、「いる

/ある、〜である」の意を表す動詞 hunu は次のように複雑に活用します。なお、複数の活用形がある場合、若干の使い分けがある場合もありますが、同じように使われることもあるので、ここでは説明は割愛します。

ネパール語の動詞 hunu の活用

主語の人称・数など	活用
1人称単数	huu, chchu, hunchu
1人称複数	haau, chchaau, hunchchaau
2人称単数・親しい者	hos, chchas, hunchas
2人称単数・自分と同等の者、または、2人称複数	hau, chau, hunchchau
3人称単数・親しい者	ho, chcha, hunchcha
3人称・自分と同等の者、または、3人称複数で男性の場合	hun, chchan, hunchchan
3人称・自分と同等の者、または、3人称複数で女性の場合	hun, chchin, hunchchin
尊敬の気持ちを表明すべき人物	hunuhunchcha

　このように動詞の活用に関して複雑な使い分けがあるネパール語ですが、ラタラジュー人格の発話にはそれをきちんと使いこなしているように思われる箇所があります。

　「あなたはネパール人ですか」とカルパナ氏に尋ねる場面では、ラタラジュー人格は tapaaii.n nepaalii hunchcha? と述べ、hunchcha という形を使っています（ネパール語会話番号：017）。これは厳密には主語が3人称単数（自分にとって親しい者）の形ですが、特にネパール語を母語としない民族の間では主語2人称単数（自分にとって親しい者）である場合にもよく使われます。カナル・キソル・チャンドラ氏によれば、この部分からだけでもラタラジューはネパール語を母語としないネパール民族であると判断されるとのことです。

　一方、主語が自分の父親である場合には mero buwaa taama.ng hunu-hunchcha（私の父はタマン族です）のように尊敬の気持ちを表す hunuhunchcha を使っています（ネパール語会話番号：049）。

　異なる主語に対し、同じ動詞を用いているという例が他にないため、わずか1例だけですが、動詞の活用という文法の面でも、ラタラジューのネパール語は安定したものであると言えるでしょう。

5.4.5 ラタラジュー人格の発話が流暢ではない点について

　前述のようにラタラジュー人格の語るネパール語は比較的しっかりしたものです。しかし、被験者の発話は時に非常にゆっくりであり、言いよどみも多く、母語話者のようにすらすらとネパール語を話したとは言えないということは述べておく必要があります。これは、一見、被験者のネパール語の能力が充分でなかったことを示唆しているかのように見えます。しかし、この点については、次の4点を考慮する必要があるでしょう。

　まず第一に、一般的に催眠中の発話は、たとえ母語であっても流暢とは言えない場合が多いという事実です。被験者が話すネパール語も、催眠中の発話なので、流暢さに欠ける点はむしろ当然のことと考えられます。

　第二に、被験者が思い出したネパール人人格の母語がネパール語ではない可能性があるという点です。ラタラジューがナル村の村長だったとすれば、先に述べたように、彼の母語はネパール語ではなくタマン語である可能性が高くなります。もしそうだったとすれば、母語ではないネパール語の運用能力は充分でなく、それがセッションでの発話に反映されていたと考えることも出来ます。

　第三に、ラタラジュー人格が登場するのは今回のセッションが二回目、しかもネパール語で会話をするのは初めてであるという点です。前述のように、退行催眠中に生じた異言を詳しく分析した先行研究には、Ian Stevenson が調査したイェンセン人格とグレートヒェン人格の例があります。イェンセン人格については、合計8回のセッションが、グレートヒェ

ン人格については19回ものセッションが、行われています。もしセッションの度に人格が呼び出されやすくなり、言語も「思い出しやすくなる」とすれば、今回の被験者はまだ充分過去生のネパール語を「思い出していない」と解釈することも可能です。

第四に考慮すべきは、日本語とネパール語は言語的に大変遠いという点です。イェンセン人格の話すスウェーデン語もグレートヒェン人格の話すドイツ語も、被験者の母語である英語と同じゲルマン語に属する言語です。両者は言語的に非常に近く、語彙も文法体系も似通っています。したがって、いわゆる過去生の人格がスウェーデン語やドイツ語を話した時に英語の文法などを利用できたと考えることが可能です。一方、日本語はネパール語とは系統的に無関係な言語であり、語彙も文法体系も全く異なっています。したがって、英語母語話者がスウェーデン語やドイツ語を学ぶ場合と比較して、日本語話者がネパール語を学ぶのは格段に困難であると言えます。このような悪条件を考えれば、日本語の母語話者の被験者が流暢さに欠けるとはいえ、あれだけのネパール語を話したのは驚くべきことであると言えるでしょう。

以上の点を考慮すれば、被験者は、ある程度ネパール語を話す技能(暗黙知)を有すると結論づけてよいと思われます。

5.5 通常の方法で学んだ可能性はないのか？

被験者がネパール語を話すことができても、それが異言であると認定されるためには、通常の方法で学んだ可能性が排除されなければなりません。被験者自身は学習したことがないと証言していますが、それを確認するため、次の三つの方法を取ることにしました。

一つ目は、被験者の生育歴や生活環境等を徹底的に調査することです。調査の性質上、断言は困難ですが、得られた調査結果からは、被験者がネ

5. 事例報告

パール語を学んだ可能性は低いと結論づけられました。

　二つ目は、被験者とその配偶者にネパール語の学習歴がないことを記した証言書を作成してもらうことです。この我々の依頼に対し、被験者とその配偶者は快く応じてくださいました。

　三つ目は、被験者にポリグラフテストを受けてもらうことです。テストについては、日本法科学鑑定センターの荒砂正名氏に鑑定を依頼しました。荒砂氏は元大阪府警科学捜査研究所所長で、8000人を超えるポリグラフの検査経験を有するこの道の第一人者です。

　鑑定は、2009年8月6日、被験者の自宅で2時間40分にわたって行われました。その間に鑑定された事項は5件です。2件は稲垣（2006）で報告された、江戸時代の少女としての記憶に関するもの、2件はネパール語の知識に関するもの、残りの1件は、ネパールの通貨単位（ルピー）に関するものです。

　「2時間40分でわずか5件の検査？」と思われるかも知れませんが、検査は結構大変です。今回検査で使われたのは、アメリカLAFAYETT社製のE4型という機械ですが、呼吸・皮膚電気活動・心拍・脈波の4つを調べるために被験者を配線だらけにしなければなりません。また、検査はYESかNOかという単純な質問を使って行うわけではありません。たとえば、ネパール語を本当に学んだことがないかどうかを確認したいような場合、「あなたがネパール語を学んだのは、本を通してですか？　テレビを通してですか？　ラジオを通してですか？　ネパール語を話す人から直接ですか？　日本人の先生からですか？」といった形で尋ねていきます。そしてもしその中のひとつ、たとえば「ラジオ」の時にだけ特別な反応があれば、「ラジオで学んだ可能性がある」と判断します。このように、ひとつの質問につき5つほどの選択肢を用意し、それぞれの答えに対する反応を確かめながら進めていく、しかもそれを3回繰り返すため、ひとつの

質問をこなすのにかなりの時間がかかります。

　さて、ネパール語については、「隣人」を意味する chimeki と「息子」を意味する chora について知っているかどうかが鑑定され、いずれも「注目すべき特異反応を認めず、これが該当事実であるとの認識（記憶）は、全くないものと考えられる」との鑑定結果を得ました。同じように、ネパールの通貨単位についても被験者は知識を持ち合わせていないことが確認されました。もしネパール語を学んでいたら、通貨単位ぐらいは知っているだろうという推測の下になされた質問です。この推測が正しければ、やはり被験者はネパール語を学んだという可能性はないと結論づけられるでしょう。

　上記の3点のいずれも、プライバシー保護のため、ここで詳しい内容を公にすることは出来ません。しかし本件について疑念を抱く読者に対しては、研究上必要と認められた場合、被験者の許可が得られれば、いつでも資料をお見せする準備があることを付記しておきます。

5.6 ネパールでの現地調査

　2010年8月4日から8月11日にかけて、ネパールに赴き、被験者が語った内容や、被験者のネパール語に関する現地調査を行いました。調査に際しては研究協力者のカナル・キソル・チャンドラ氏に通訳を依頼しました。現地での調査協力者で、特に長時間のインタビューに応じていただいた方々は以下の通りです。

- ヤギヤ・タマン（Yagya Tamang）氏、38歳、男性、小学校教員
- シャミアル・パンティ（Shyamial Panthi）氏、2008年6月～2008年7月にナル村の村落開発協会（Village Development Committee, VDC）の長官として勤務
- ビドゥール・ギミレ（Bidur Ghimire）氏、2008年6月以降、ナル村の

VDC の副長官として勤務
・プリティヴィ・ガラン（Pritivi Ghalan）氏、78歳、地域の最長老（103歳）を父に持つ。地域全体をまとめる役を果たし、VDC オフィスの鍵も預かっている。
・ジャヤ・バハドゥール・ガラン（Jaya Bahadur Ghalan）氏、103歳、前述の、地域の最長老
・スク・マヤ・ガラン（Suk Maya Ghalan）氏、78歳、プリティヴィ・ガラン氏の妻
・クリシュナ・バドゥール・タマン（Krishna Bhadur Tamang）氏、53歳、ナル村の前村長、政情が不安定で現在は選挙が行われていないため正式の村長ではないが、非公式に村長としての役割を果たしている。
・シャンブー・ギミレ（Shambhu Ghimire）氏、65歳、1980年～1984年、1992年～2010年の2回にわたってナル村の VDC の長官を務める。

　ナル村は、ネパール、カトマンズの南のラリトプール（Lalitpur）県にある小さな村です。地理的に言えば北緯 27.55 度、東経 85.34 度に位置し、標高は 1685 メートルです。カトマンズから約 25 キロメートルの場所にありますが、山奥にあり、また道路が充分整備されていないため、カトマンズからはおよそ1時間半の道のりです。2010 年 10 月の時点では Google Map をはじめとする地図検索サイトの地図ではこの村を見つけることは出来ず、筆者自身も地図を入手したのは、ネパール政府が出版している地図を扱うカトマンズの書店においてです。村の人口は、2001 年の調査データ（ただし、データそのものは 1991 年）によれば 320 世帯、1849 人です。

5.6.1 人物の特定について
　里沙さんの現在の年齢（52歳）を考慮すれば、ラタラジューは少なく

とも 52 年前（1958 年）には死亡しているはずです。また、王様について質問された時にシャハ王朝（1768-2008）に言及していること（ネパール語会話番号：045）、そして 78 歳で亡くなっていること（ネパール会話番号：044）から、死亡年にシャハ王朝が政権に就いたとしても、少なくとも 1690 年には生まれていることになります（1768-78 = 1690）。さらに、ラタラジュー人格が 30 歳の時にラナ政権（1846-1951）に言及しているように思われること（ネパール語会話番号：029-033）から、30 歳の時にラナ政権が誕生したとしても、1816 年には生まれていた（1846-30 = 1816）と考えることができます。以上を総合すると、ラタラジューが存在したとすれば、1816 年から 1958 年の間のいずれかの 78 年間だということになります。なお、この数字は、ラタラジューの前の過去生であるタエの死亡年、安永 9 年（1780 年）とも矛盾しません。

ラタラジュー人格の生没年

考慮する事項	生年	没年
被験者、里沙さんの現在の年齢		1958 年以前
シャハ王朝に関する言及	1690 年以降	
ラナ政権に関する言及	1816 年以降	

　従って、ラタラジューの実在に関する調査は、上記の期間に存在していた人物に限定されることになります。

　結論から言えば、ラタラジューの存在は、公式の記録としては確認できませんでした。そもそも、1950 年代以前には識字率の低いタマン族の間では戸籍のような記録を残す習慣がなかったこと、そして、仮に記録が取ってあったとしても、2003 年の人民戦争の際に VDC の事務所が襲撃され、文書は全て焼かれてしまったため古い文書として残っているのものはないというのが理由でした。

5. 事例報告

　筆者が現地で入手できた最古の記録は、ネパール中央選挙事務所（Election Commission of Nepal）にある、1994年の選挙の際に作成されたナル村の有権者の名簿でした。この名簿には、有権者と、有権者の保護者に当たる人物が記されています。ただし保護者に当たる人物は男性に限られ、基本的には父親か、女性の場合には夫の名前が書かれています。有権者の年齢は記されていますが、保護者の年齢は記されておらず、また存命かどうかさえ明記されていません。もっとも、有権者が女性の場合、夫の名前が保護者としてのみ記載されていて、有権者として記載されていない場合には夫は死亡しているというところまでは判読可能です。高齢の有権者も記録されているので、その保護者が父親である場合には、ラタラジューが生きた時代と重なる人物が記載されている可能性があります。また、ラタラジュー本人の記録はなくても、その妻ラメリ（Rameli）や、息子クジャウス（Kujaus?）、娘アディス（Adis）の記録は残されているかも知れません。

　名簿に記載された1643人を調査した結果、ラタラジューやその家族の名前に類似していると判断されたのは、次の通りです。[7]

選挙名簿に記載されていた名前

ラタラジュー（Rataraju）に類似した名前	ラトナラージュ・シャプコタ（Ratnaraj Shapkota）（男）（保護者） ラトナ・シャンクタン（Ratna Shanktan）（男） ラトナ・バ・ガラン（Ratna Bha Ghalan）（男） ラトナ・バ・ガラン（Ratna Bha Ghalan）（男）（保護者）
ラメリ（Rameli）に類似した名前	ラミタ・ロプチャン（Ramita Lopchan）（女） チャマリ・ロプチャン（Chamali Lopchan）（女） チャマリ・シング（Chamali Thing）（女）
クジャウス（Kujaus）に類似した名前	カイラッシュ・バ・シング（Kailash Bha Thing）（男）（保護者）
アディス（Adis）に類似した名前	アディ・マヤ・シャンクタン（Adhi Maya Shanktan）（女）

この中で一番ラタラジューに近いのは、一番最初にあげたラトナラージュ・シャプコタです。しかし、名簿に記載された配偶者の名前はラメリではありません。他の三つのラトナについても、配偶者、あるいは子供の名前が里沙さんの語ったものとは違っています。もし、たとえば、ラトナ・シャンクタン（故人）の配偶者がラミタ・ロプチャン、息子がカイラッシュ・バ・シング、娘がアディ・マヤ・シャンクタンといったつながりが見出せれば、里沙さんの発音に多少混同が見られたという解釈の下で、ラタラジュー一家の実在が確認できたと判断することができますが、残念ながら、そのようなことはありませんでした。従って、名簿からは、里沙さんが語ったいずれの人物についても実在は確認できないと結論付けざるをえません。

　一方、聞き取り調査では、ラタラジューについて説明する筆者に対して、村人達が考えられる候補としてあげた人物が二人いました。一人は、名簿にも記載されていたラトナラージュ・シャプコタ（Ratnaraj Shapkota）氏、もう一人はラナ・バドゥール（Rana Bahadur）という人物です。

　ラトナラージュ・シャプコタ氏は、村長として村中に認められた大変威厳のある人物で、彼が馬に乗ってやってくると皆こわがって道をあけたとのことです。しかし、名簿にあったように妻の名前がラメリではないこと、そして、決定的なことに、死亡したのは15年ほど前のことだということで、里沙さんの前世のラタラジューではありえないことになります。

　もう一人のラナバドゥール氏は50年程前に80歳くらいで死んだ人物で、リフェル（Refel）と呼ばれる、軍で一番下の階級の役職に就いていたとのことです。村では大変尊敬を集め、何か問題が生じるとラナバドゥール氏を呼んで解決をはかったとのことです。記録が残っていないため、正確な死亡年齢ははっきりしませんが、仮に里沙さんの生年より早く死亡していたとしても、アディスやクジャウスという息子または娘はいないとのこ

5. 事例報告

とで、やはり探しているラタラジューと考えるには無理がありそうです。

このように、ラタラジュー本人の実在は確認できませんでしたが、ラトラナージュという、大変よく似た名前が実在することは分かりました。[8]

次にラメリやアディス、クジャウスという名前について触れておきましょう。

まず、ラメリという名前について、聞いたことがあるという人物に出会うことは出来ませんでした。しかし、アディスについては、昔は存在したし、今もアディ（Adhi）という名前は残っているとのことでした。また、クジャウスについては、昔は確かに存在したが今は聞かれなくなった、コンジュー（Konju）という名前ではないかとの意見が聞かれました。

さらに、里沙さんがネパール語を話したセッションで登場した以下の名前についても尋ねてみました。

ネパール語セッション中に登場した他の名前

名前	ネパール語会話番号
タマリ（Tamali）：父親の名前	025
キラ（Kira）：村長の名前	037
ムラリ（Murari）：神様の名前か？	054

タマリとムラリについては、まったく分かりませんでしたが、キラについては、昔、ヒラ（Hira）あるいはジラ（Jira）という名前があったとのことでした。なお、ジラについては、妻の名前を聞かれたラタラジュー人格が答えた言葉の中にそれらしき表現が見られます（ネパール語会話番号：012）。その後、ラメリと言い直しているので単なる誤りかも知れませんが、かつて実在した名前をあげた可能性もあります。

さらに、2005年のセッションで里沙さんが語った「グルカ・コスタレス」という王の名前についても尋ねてみましたが、知っているという人

はいませんでした。

　いずれにしても、高齢の方は皆、自分たちが生きている間だけでもつけられる名前の種類は随分変わってしまったので、ラタラジューやラメリ、クジャウスという名前が現在残っていないからといって存在しなかったことにはならないとの意見でした。

5.6.2 ラタラジュー人格の語った内容について

　ラタラジュー人格によれば、お祭りで食べるものはダル（レンズ豆）とコド（穀ビエ）とのことですが（ネパール語会話番号：050）、これらはいずれも現在ナル村でよく食されていることが分かりました。特に春に作られるコド（穀ビエ）は夏に作られるトウモロコシと並んで、ナル村で作られる作物の中心だとのことです。またラタラジュー人格はナル村では作られていない米についても触れていますが（ネパール語会話番号：052）、近隣の村では作られているので、祭りのような特別な機会であれば食するのもそれほどおかしなことではないと判断できます。

　ラタラジュー人格は、村長時代の村人の数を聞かれた時に「25」という数字をあげています（ネパール語会話番号：053）。この点について、現在の実質的な村長であるクリシュナ・バドゥール・タマン（Krishna Bhadur Tamang）氏は、村の人口が25人ということはなかったが、25世帯で一つの区を形成していた時代があったと証言しており、デタラメな数字とは言えないことが分かりました。

　葬儀については、大変興味深いことが分かりました。「人が死んだ時どうしますか」と問われた時、ラタラジュー人格は「ヒマラヤ」と述べています（ネパール語会話番号：068）。この部分について、ラタラジューと対話したパウデル・カルパナ氏は、筆者達に対して、どういう意味なのか全く理解できないと語りました。この点については、ネパールの様々な民族

の習慣に詳しいカナル・キソル・チャンドラ氏も同意見でした。

　ナル村での葬儀について現地で確認したところ、人が死んだ時には「火葬の山」を意味するチャンダンダ（Chiyandanda）に連れて行き、火葬にするとのことでした。その際重要なのは、この山からヒマラヤが見えることであり、火葬の際には死者の顔をヒマラヤに向けるとのことでした。したがって、ラタラジュー人格が「ヒマラヤ」と述べていたのは、葬儀の際のヒマラヤの重要性を伝えようとしていたと解釈することが可能です。また、遺体を火葬にすると述べていた点も事実に一致しています（ネパール語会話番号：069）。なお、墓に関しては、今はドゥンガ（dunga）と呼ばれる記念碑のようなものを作ることがありますが、昔は墓を作る習慣はなかったとのことで、墓を頼りに調査を進めることは出来ませんでした。

5.6.3 ラタラジュー人格のネパール語について

　タラジュー人格の話すネパール語の音声面について、「タマン語の影響が感じられる」「ナル村の人々が話すネパール語に似ている」という意見もあれば、それを否定する意見もありました。ただし、タマン語の影響があると述べた現地の人について言えば、印象を述べただけで、具体的な指摘ができたわけではありませんでした。この点について、日本語話者の話す英語を例に取って考えてみましょう。

　日本語話者の話す英語については、たとえば「日本語母語話者の話す英語はL音とR音の区別がつきにくい」という具体的な指摘をすることが可能です。そしてある英語音声にこのような特徴が見出せたとしたら、その英語については「日本語の影響が見られる」と判断することが可能です。

　しかしながら、ラタラジューの話すネパール語については、そのような具体的な指摘は得られませんでした。それどころか「発音の面では標準的なネパール語のようだ」という意見さえ聞かれました。タマン語自体の言

語学的分析が十分なされておらず、タマン語話者の話すネパール語の音声的特徴について音声学的に明かではない現状では、ラタラジューのネパール語の音声的特徴に基づいてラタラジューの実在に関する判断を下すのは難しいと言わざるをえません。

一方、音声以外の点に目を向けると、ラタラジュー人格が話すネパール語がタマン語話者の話すネパール語、それも大変古いネパール語であることを示唆する痕跡が見つかりました。それは数字の数え方です。

死亡した年齢を聞かれた時、ラタラジュー人格は aaTh sattarii（8と70）のように答えています（ネパール語会話番号：044）。現代のネパール語では1の位を先に述べるような数え方をしないので、カルパナ氏はとまどいながら sattarii?（70ですか？）と答えています。カルパナ氏の反応を裏づけるように、この部分を聞いたネパール人は、口を揃えて「ネパール語としては不自然」だと判断しました。

しかし、現地でこの点について確認したところ、78歳のプリティヴィ・ガラン氏が「確かにナル村では、昔は『8と70』という数え方をしたが、教育が普及してからそのような言い方はしなくなり、今の人に聞いてもそのような数え方を知っている人はほとんどいない」と語ってくれました。しかも、この話を聞いた直後に、このプリティヴィ・ガラン氏の言葉を裏づける出来事に遭遇しました。

前述のように、ナル村の最長老はプリティヴィ・ガラン氏の父親で、現在103歳のジャヤ・バハドゥール・ガラン（Jaya Bahadur Ghalan）氏です。プリティヴィ氏とその奥さんにインタビューをしている時に、予めインタビューをお願いしてあった、長老のプリティヴィ・ガラン氏が姿を見せました。話をすることは出来なくなったものの、まだ耳は達者で、簡単な質問なら身振りで答えられます。こちらが年齢を尋ねると、ジャヤ・バハドゥール・ガラン氏は、まず親指と人差し指を丸めて中指と薬指、小指

の3本を立てました。続いて、丸めていた親指と人差し指も伸ばし手を広げ、手のひらを大きく2回振りました。最初の仕草は「3」を意味します。ネパールでは、片手の5本の指だけで「10」を表せるので、開いた手は「10」を意味します。さらにそれを大きく振ったのは「10を10倍する」ということで「100」を意味します。つまり、ジャヤ・バハドゥール・ガラン氏は、偶然にも、身振りで「3と100」という、ナル村でかつて行われていた数え方で答えてくれたのです。息子のプリティヴィ・ガラン氏によれば、ジャヤ・バハドゥール・ガラン氏が長老だったからこそこの数え方に馴染んでいたのであり、他の人であれば「100と3」のように大きい位を先に示すのが普通とのことでした。

　この数字の数え方は、ラタラジュー人格の実在性を強く示唆するものであると考えていいでしょう。

5.7 海外協力隊について

日本とは遠く離れたナル村ですが、日本とのつながりが全くないわけではありません。それどころか、5.3節で見たように、この村は海外協力隊の支援先の一つになっていて、現地には日本の援助によって建設された小学校がありますし、毎年1回、日本から10人ほどが支援にやってくるとのことです。したがって、ナル村に支援に訪れた日本人が里沙さんに村のことを伝えたという可能性がないわけではありません。しかしながら、非公式の村長であるクリシュナ・バドゥール・タマン氏やタマン氏の元で仕事をしている人達によれば、日本人は全くネパール語を話すことはなく、また、英語でのやり取りも簡単ではないとのことです。したがって、仮にナル村に支援に来た日本人を通じて里沙さんがナル村のことを知ったとしても、ラタラジュー人格が語った内容や言語的な特徴を伝えることはまず不可能と考えてよいように思われます。[9]

5.8 今後の調査の可能性

　ナル村での調査中、インタビューをした何人かの方から今後の研究の可能性に関する二つの「提案」を受けました。

　ひとつは秋の祭りの時にタカリ（Thakali）と呼ばれる僧侶に、過去生を呼び出してもらうという方法です。この僧侶には他人の 6 世代ほど前の過去生まで呼び出す力があるので祭りの時期に里沙さんを連れてくればラタラジュー人格が現れるだろうとのことです。

　もう一つの提案は、ジャクリ（Jakuri）と呼ばれる霊媒を使う方法です。こちらは日本のイタコのように、亡くなった人を呼び出す力があるとされていて、里沙さんの過去生人格も呼び出すことが可能だろうとのことでした。

　タカリやジャクリによって呼び出される「霊」がどこまで実体のあるものなのかも含め、どちらも大変興味深い研究対象ですが、里沙さんの健康状態の問題もあって、現時点でこの提案を実行に移すわけにはいきません。しかし、タカリとジャクリについては、今後機会があれば、探究してみたいと思います。

5.9 事例報告のまとめ

　以上、ここまで、日本人被験者が、本人が知らないはずのネパール語を話す事例について考察してきました。

　可能であれば、セッションを繰り返し、さらにネパール語のデータの収集を行いたいところですが、被験者の体調の問題から、今はそれを望むことは出来ません。このように、さらなる調査が必要ではあるものの、言語データの分析、先行事例との比較、被験者に関する調査結果、ナル村での現地調査の結果から、本件は純粋な異言の例であり、ラタラジュー人格は実在の可能性が極めて高いと言えます。

5. 事例報告

　先に述べたように、異言は、過去生の記憶が事実であることを示唆する最も強力な証拠です。よって、本件は、「生まれ変わり仮説」を支持する有力な証拠を提供する事例であると結論付けることができるでしょう。
　ナル村の人達の多くはチベット系の仏教信者で輪廻転生を当然のこととして受けとめています。前述のタカリやジャクリのような存在に日常的に接しているナル村の人達の目には、生まれ変わりという当然の「事実」をわざわざ証明しようとする筆者の試みは愚かな営みに映っているのかも知れません。そんな筆者の思いを記して事例報告の結びとします。[10]

1. ここでの報告の一部は、国際生命情報科学会の第28回シンポジウムと第29回シンポジウムで発表しています。大門他（2009, 2010）、Ohkado et al.（2009, 2010）を参照してください。また、本文執筆後に出版された稲垣（2010）については、検討する余裕がありませんでした。
2. 稲垣が行う退行催眠は、人間の意識構造に関する明確な作業仮説に基づいており、SAM（Soul Approach Method）と名付けられています。詳しくは、「稲垣勝巳メンタルヘルス研究室」のホームページを参照してください。
http://samzense.rakurakuhp.net/i_491787.htm
3. タエの事例については、2006年10月12日に放映されたテレビ番組『奇跡体験！アンビリーバボー』でも取り上げられています。
4. 3名のネパール母語話者は、カナル・キソル・チャンドラ氏（中部大学国際人間学研究所客員研究員）、カナル・ヤムナ氏（中部大学国際人間学研究科博士前期課程学生）、マドウスダン・カヤスタ氏（中部大学工学部学生）です。ただし、分析の最終判断はカナル・キソル・チャンドラ氏のものです。
5. 表の数値は、ネパール現地調査後のデータの再検討により、大門他（2010）、Ohkado et al.（2010）で報告したものと若干異なっています。
6. 現地調査後の修正により、大門他（2010）およびOhkado et al.（2010）であげた数値と異なっています。
7. 判断はネパール語の音声に基づき、カナル・キソル・チャンドラ氏が行ったものです。カナ表記やローマ字表記では、類似性が分かりにくくなってしまって

いるものがあるかも知れません。
8. 里沙さんのセッションの音声を聞いた村人の中にはラタラジューではなくラトナラージュと言っているのではと語る人もいました。しかし、皆がこの意見を支持するわけではありません。
9. もちろん、この点について、完全に疑いを払拭するには、ナル村に足を運んだ日本人全員について調査をする必要があります。しかし、仮に調査をしたとしても、里沙さんと接触したことがないということを完全に立証するのは極めて困難です。
10. ネパール最大のヒンドゥー教寺院であるパスパティナートでは、寺院の前を流れるバグマティ川に隣接した火葬台で常に遺体が燃やされ、遺灰が川に流されています。同じ川では水遊びに興じる子供達の歓声が聞こえたり、洗濯する女性の姿が見られたりして、ヒンドゥー教徒の間でも輪廻転生が当然のこととして受け入れられている様子を垣間見ることができます。

>6. 結語<

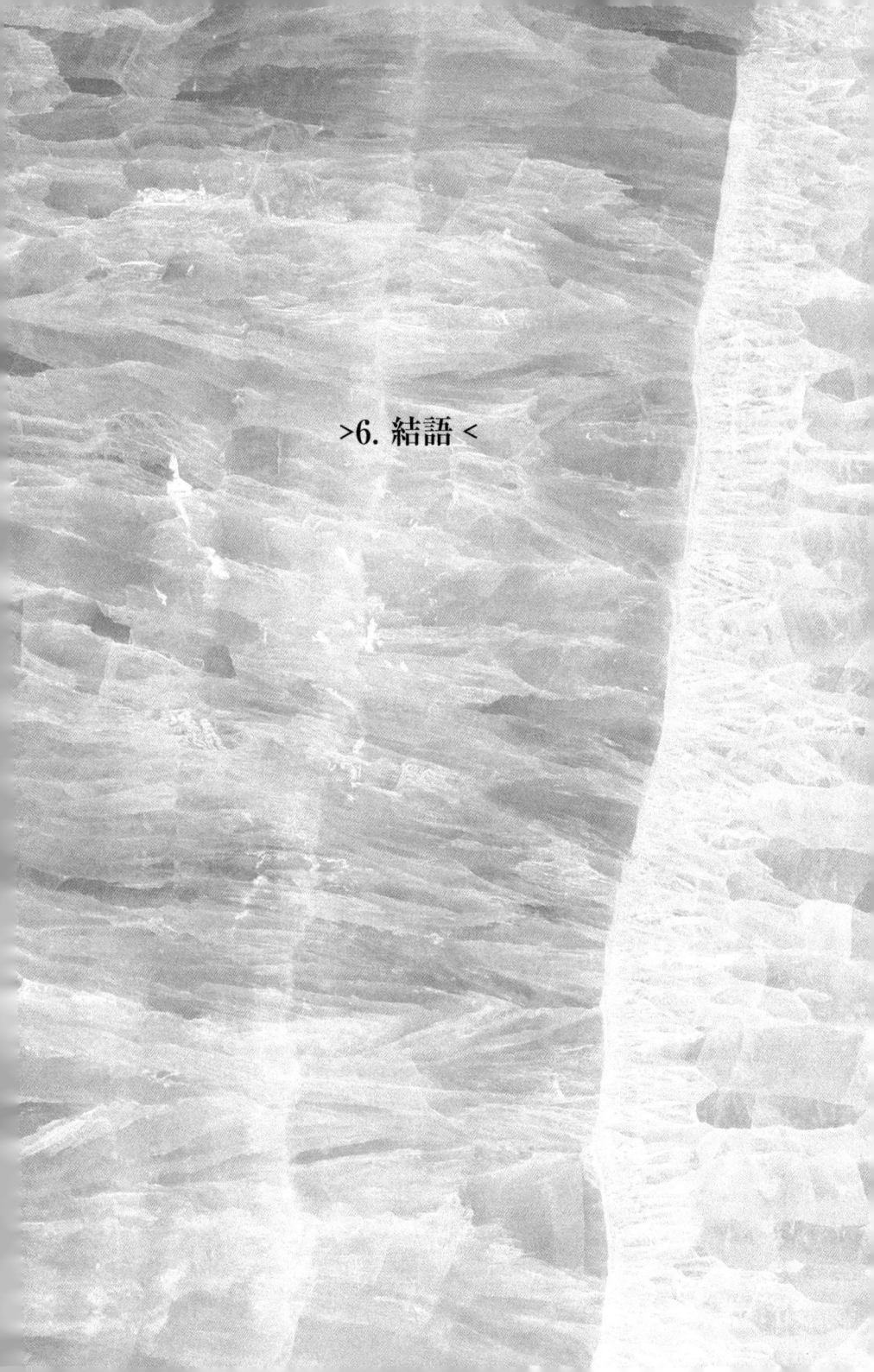

6. 結語

　実存的精神療法（ロゴセラピー）の創始者であるフランクルは、人間存在の根源には合理的に説明することのできない、超越的な存在（宗教で言うところの神）があり、それに気づかないことが神経症の原因となりうることを、次のように、指摘しています（フランクル 2002, p. 91）。

　このような神経症的実存様式の根底として、神経症の人間がある欠陥を示しているという事実が指摘されることも決して稀ではない。つまり超越者に対する彼の関係が障害されているのである。彼の超越的関連が冒されているのである。しかし彼の「超越的無意識」の隠れ場から、この抑圧された超越者が時として「心の不安」の姿をとって現れ出ることがある。この心の不安はまた場合によっては十分一つの神経症的前景症状を形成することがあり、つまりいうなれば神経症という病像をとって経過することがありうる。したがって、この意味においては無意識の宗教性についても、あらゆる無意識について言えることが同様にあてはまる。つまり、それは病因となりうるのである。抑圧された宗教性もまた「不幸な抑圧をうけた」ものでありうるのである。

　フランクルの述べる「超越的存在」は、近代においては、科学の台頭と宗教の衰退により無視されるようになりました。しかし、『ツァラトゥストラ』で神の死を繰り返し説いたニーチェが狂死したという事実に象徴されるように、「超越的存在」の不在は心の病理を誘発する危険性を高めました。また、コンピューターの生みの親で原爆の開発にも深く関わり、合理的精神の権化のように目されていたフォン・ノイマンが、死に直面した時にカトリック教徒になり周りを驚かせたという事実は、実存的危機に直面した人間にとって宗教が果たす役割の大きさを再認識させます。[1]

　我が国においては、宗教史の複雑さや、第二次大戦による教育の断絶と

いう要因が絡むため、状況は、遥かに込み入っていますが、それでも、聖なるもの、あるいは本稿でいう spirituality の喪失が病理的な状況を生み出しているという点は同じであると言えるでしょう。[2]

影山（1999）は、現代の若者の間に、「自己の空虚感」「自己評価の低下」「人生や自己の意味と価値の喪失」「虚無的人生観」といった症状を示す、「空虚な自己」が広がっていることを、様々なデータによって実証しています。この「空虚な自己」の広がりを示す、象徴的な事例を二つ見てみましょう。

ひとつは、大学院に進学、測地天文学を専攻しながら、オウム真理教に出家し、科学技術省で村井秀夫の右腕として活躍した高橋英利氏の例です。小学校にあがる前のこと、思いのほか遠出をしてしまった氏は、目の前に自分の住む団地の建物と同じ形状の建物を見つけます。自分の住む団地でないことを認識しながらも、その建物に入り、自分の家に相当する部屋に足を運び、ドアを空けます。当然のことながら、顔を出したのは自分の母親ではない、別の女性でした。しかし、この体験は、高橋氏に強烈な印象を残しました。氏は次のように述べています（高橋 1996, p. 18）。

　なぜ、僕はあの団地のあの女の人の子どもではなかったのか。なぜ、この団地のこの母さんの子どもだったのか。母さんが僕の母親でなければならなかった理由とはなんだろうか……。考えれば考えるほど、母さんが僕の母親である必然性がわからなくなっていった。ほんとうは母さんは僕の母親ではないのかもしれない。それは恐ろしい考えだった。いつか母さんが僕に内緒でどっかに行ってしまうのではないかという思いにおびやかされることもあった。

さらに、大学生の頃について、氏は次のように回想しています（高橋

6. 結語

1996, p. 27)。

　当時はポストモダンと呼ばれる思想が流行っていたが、僕はそれらから何も感じることができなかった。僕の知りたいことの答えがそこに書かれているとは思えなかったのだ。僕が読みあさっていたのは、カミュやキェルケゴール、ニーチェ、ショーペンハウエル、ハイデガーなどの著作だった。
　この時代のこの場所に、なぜ自分は存在しているのか。それが僕の知りたいことだった。前にも触れたように、僕は幼いころから自分の存在が「偶然」によってもたらされたものであること、そこに必然性がないということの不安を、感覚としてもちつづけてきた。存在していることの充実感の希薄さ、それが僕をずっと悩ませていたのである。

「空虚な自己」の広がりを示すもう一つの例は、1997年に連続幼児殺傷事件を引き起こした、「酒鬼薔薇聖斗」と名乗る中学生の例です。日本中を震撼させた犯人は、犯行後新聞社に送った挑戦状の中で、「今までも、そしてこれからも透明な存在であり続けるボクを、せめてあなた達の空想の中でだけでも実在の人間として認めて頂きたいのである」と犯行の動機について語っています。[3]
　「空虚な自己」の広がりの原因について、影山（1999）は、社会変動と家族崩壊、家庭の機能不全などを挙げていますが、前述の、「超越的な存在の不在」という、ヴィクトル・フランクルが指摘する問題が、より根本的な原因であるように思われます。
　超越的な存在の不在によって空いた「心の隙間」を埋めようと、既存の宗教に回帰して行く人達もいましたが、[4]　多くの人達は権威主義的な伝統的宗教に満足することは出来ませんでした。このような流れを背景とし

て現れてきたのが、一般に「ニューエイジ」や「精神世界」などと呼ばれ、島薗進氏が「新霊性運動・文化」と呼んでいる大きな思想潮流です。

この運動・文化が「個々人がそれぞれにスピリチュアル（霊的・精神的）な、また、意識的、心理的、身体的な変化自己変容・自己解放を体験することによって」自己変容・自己解放を起こすことを重視するという島薗（2007）の分析は、確かに重要な一側面をとらえています。しかし、この潮流の形成には、本稿で紹介したように、多くの科学者達の膨大な研究が大きく寄与していることを忘れてはいけません。ダーウィンと並んで進化論を唱えたウォレスは、spiritualism を擁護した 1896 年の著の中で次のように力説しています（Wallace 1896, p. 228、日本語訳は大門による）。

The assertion so often made, that Spiritualism is the survival or revival of old superstitions, is so utterly unfounded as to be hardly worth notice. A science of human nature which is founded on observed facts; which appeals only to facts and experiment; which takes no beliefs on trust; which inculcates investigation and self-reliance as the first duties of intelligent beings; ....
（Spiritualism はかつての迷信の生き残りであるとか再生であるとか言われることがあるが、これほど根拠がなく、とりあげる価値のない主張もない。Spiritualism はむしろ観察された事実に基づき、事実と実験にのみ訴え、信用によらず、調査と自力を知的存在である人間の第一義的義務とみなす、人間科学なのである。）

このように近代科学の枠組みでなされた研究が数多く存在するからこそ、この新しい潮流は、合理的思考に馴らされた人達を引きつけてきたのです。宗教の担って来た伝統的役割を考慮すれば、この大きな流れは、宗教と科

6. 結語

学の融合とみなすことも出来ます。

　また、研究という観点から言えば、研究者が互いに連繋を取りながら、冒頭で示した3タイプの研究を推進することによって人間の真の幸福につながる人間学が構築されるように思われます。特に本研究で紹介した事例が示唆する「生まれ変わり」は、現在も根強く残る人種や文化に対する偏見を一掃し、持続可能な教育社会を作る上で中心的な役割を果たす可能性があります。かつて自分は地球上の他の国で他の人種として生きたことがあり、これからも他の国で生きる可能性がある、そう意識すれば、ポストモダンの思想家が述べる文化相対主義とは全く異なる意味での他人種や他文化の尊重につながるでしょう。また、地球が死後もまた戻ってくる（可能性のある）場所であることを意識することは、環境保護という点で、どんなエコロジー教育よりも効果的ではないでしょうか。この意味で、持続可能な教育社会の構築にも大きな貢献をすることが期待出来ます。[5]

　本稿では、このような問題意識の下、冒頭で述べたタイプ2（人間のspiritualな側面について、科学的に検証しようとする研究）の研究事例を中心に報告いたしました。今後、spiritualityに関する研究が、学際的な研究の本流のひとつとして大きく発展していくことを願ってやみません。

1. フォン・ノイマンの伝記については、Macrae（1992）に拠りました。宗教の衰退に伴い、科学に欠けた精神性を補うことを期待されたのが人文的教養でしたが、結局、現代社会においては「役に立たない」という認識が広まり、かつて宗教が担っていたような精神的支柱にはなりえませんでした。リオタール（1989）は、近代を支えた二つの「大きな物語」である「科学」と「教養」が終焉を迎えた現代をポストモダンの時代と分析しています。
2. 末木（2006）には、日本の宗教史の複雑な状況が大変簡潔にまとめられています。
3. 真っ赤な文字で紙一面にびっしり書かれた手紙は、ウィキペディアの「酒鬼薔薇聖斗」の項目で見ることが出来ます。

4. Bell (1980) は、宗教への回帰が進む事を予測しています。
5. 「生まれ変わり」に言及するかどうかは別にして、持続可能な教育を推進を訴える人達の多くはスピリチュアリティの大切さを意識しています（日本ホリスティック教育協会編（2006）所収の諸論文を参照）。

■参照文献（和文）

安藤治（2007）「現代のスピリチュアリティ：その定義をめぐって」日本トランスパーソナル心理学／精神医学会　安藤治・湯浅泰雄編『スピリチュアリティの心理学』, 11-33, 大阪：せせらぎ出版．

飯田史彦（1996）『生きがいの創造：「生まれ変わりの科学」が人生を変える』東京：PHP研究所．

飯田史彦（2006）『決定版　生きがいの創造：スピリチュアルな科学研究から読み解く人生のしくみ』東京：PHP研究所．

稲垣勝巳（2006）『前世療法の探究』東京：春秋社．

稲垣勝巳（2010）『「生まれ変わり」が科学的に証明された！』東京：ナチュラルスピリット・パブリッシング80．

海後宗臣（1981）『海後宗臣著作集　第十巻　教育勅語成立史研究』東京：東京書籍．

大石和男（2005）『タイプAの行動とスピリチュアリティ』東京：専修大学出版局．

大石和男・安川通雄・濁川孝志・飯田史彦（2007）「大学生における生きがい感と死生観の関係—PILテストと死生観の関連性—」『健康心理学研究』20, 1-9.

大石和男・安川通雄・濁川孝志（2008）「死生観に関する教育による生きがい感の向上—飯田史彦による「生きがい論」の応用事例」『トランスパーソナル心理学／精神医学』8, 44-50.

大門正幸・稲垣勝巳・末武信宏・岡本聡（2009）「『生まれ変わり仮説』を支持する事例の研究～退行催眠中の異言の分析を通して」Journal of International Society of Life Information Science 27, 186-188.

大門正幸・稲垣勝巳・末武信宏・岡本聡（2010）「退行催眠中に生じる異言とそれが示唆するもの」Journal of International Society of Life Information Science 28, 134-139.

岡部金治郎（1971）『人間は死んだらどうなるか』東京：共立出版．

岡部金治郎（1979）『人間は死んだらこうなるだろう』東京：第三文明社．

岡部金治郎（1982）『死後の世界』東京：第三文明社．

奥山輝実（2005）『前世物語：光のエチュード』伊丹：牧歌舎．

小佐野重利・木下直之編（2008）『死生学4：死と死後をめぐるイメージと文化』東京：東京大学出版会．

尾崎真奈美・奥健夫（2007）「スピリチュアリティーに関する学際的研究の意義—カテゴリーエラーと要素還元主義克服への挑戦」尾崎真奈美・奥健夫編『スピリチュアリティとは何か：哲学・心理学・宗教学・舞踏学・医学・物理学それぞれの視点から』, 7-17, 京都：ナカニシヤ出版．

笠原敏雄（2000）『超心理学読本』東京：講談社．

影山任佐（1999）『「空虚な自己」の時代』東京：日本放送協会．

熊野純彦・下田正弘編（2008）『死生学2：死と他界が照らす生』東京：東京大学出版会．

厚生労働省（2009）「WHO憲章における「健康」の定義の改正案について」以下より

2010年4月17日取得：http://www1.mhlw.go.jp/houdou/1103/h0319-1_6.html
島薗進（1996）『精神世界のゆくえ：現代世界と新霊性運動』東京：東京堂出版．
島薗進（2007）『スピリチュアリティの興隆：新霊性文化とその周辺』東京：岩波書店．
島薗進・竹内整一編（2008）『死生学1：死生学とは何か』東京：東京大学出版．
末木文美士（2006）『日本宗教史』東京：岩波書店．
スティーヴンスン、イアン（Stevenson, Ian）（1984）「人間の死後生存の証拠に関する研究—最近の研究を踏まえた歴史的展望」笠原敏雄編著『死後の生存の科学』, 11-52. 東京：叢文社．
高橋英利（1996）『オウムからの帰還』東京：草思者．
高橋都・一ノ瀬正樹編（2008）『死生学4：医と法をめぐる生死の境界』東京：東京大学出版会．
武川正吾・西平直編（2008）『死生学3：ライフサイクルと死』東京：東京大学出版会．
武田邦彦（2007）「口ごもる専門家」以下より2010年4月23日取得：
http://takedanet.com/2007/07/post_a95b.html
田中千代松編（1984）『新・心霊科学事典』東京：潮文社．
棚次正和（2007）「スピリチュアリティと医療と宗教」日本トランスパーソナル心理学／精神医学会　安藤治・湯浅泰雄編『スピリチュアリティの心理学』, 55-69. 大阪：せせらぎ出版．
田中千代松（1971）『新霊交思想の研究：新スピリチュアリズム・心霊研究・超心理学の系譜』東京：共栄書房．
中嶋宏（2001）「健康の定義とスピリチュアル・ダイメンション」小田晋・中嶋宏・萩生田千津子・本山博『健康と霊性 — WHO（世界保健機関）の問題提起に答えて — 』, 3-41. 東京：宗教心理出版．
日本ホリスティック教育協会（2006）『持続可能な教育社会をつくる — 環境・開発・スピリチュアリティ —』大阪：せせらぎ出版．
フランクル、ヴィクトル／佐野利勝・木村敏訳（2002）『識られざる神』（フランクル・セレクション3）東京：みすず書房．（原著は *Der Unbewusste Gott*（1948年出版），および *Logos und Existenz*（1951年出版）．）
ベッカー・カール（1992）『死の体験 — 臨死現象の探究』京都：宝蔵館．
三浦清宏（2008）『近代スピリチュアリズムの歴史』東京：講談社．
吉村正和（2010）『心霊の文化史：スピリチュアルな英国近代』東京：河出書房新社．
吉福康郎（2005）「量子力学と気・スピリチュアリティ」湯浅泰雄・青木豊・田中朱美監修、人体科学会企画『科学とスピリチュアリティの時代』, 330-341 東京：ビイング・ネット・プレス．
リオタール、ジャン＝フランソワ／小林康夫訳（1986）『ポストモダンの条件—知・社会・言語ゲーム』東京：水声社．(Lyotard, Jean-François（1979）*La Condition postmoderne: rapport sur le savoir*. Paris: Minuit.)

■参考文献（欧文）

Baker, Robert A. (1982) "The Effect of Suggestion on Past-Lives regression," *American Journal of Clinical Hypnosis* 25, 71-76.

Barrington, Mary R., Peter Mulacz, and Titus Rivas (2005) "The Case of Iris Farczády – A Stolen Life," *The Journal of the Society for Psychical Research* 69, 49-77.

Bell, Daniel (1980) *The Winding Passage: Essays and Sociological Journeys 1960-1980*. Cambridge: Abt Associates Inc.（ダニエル・ベル／正慶孝訳 (1990)『二十世紀文化の散歩道』東京：ダイヤモンド社.）

Bernstein, Morey (1956) *The Search for Bridey Murphy*. New York: Doubleday & Company, Inc.

Blum, Deborah (2006) *Ghost Hunters*. New York: Penguin Books.（デボラ・ブラム／鈴木恵訳 (2007)『幽霊を捕まえようとした科学者たち』東京：文芸春秋.）

Broad, William and Nicholas Wade (1983) *Betrayers of the Truth: Fraud and Deceit in the Halls of Science*. New York : Simon and Schuster（ウィリアム・ブロード、ニコラス・ウェイド／牧野賢治訳 (2006)『背信の科学者たち：論文捏造、データ改ざんはなぜ繰り返されるのか』東京：講談社.）

Dethlefsen, Thorwald (1977) *Voices from Other Lives*. New York: M. Evans.

Ducasse, Curt J. (1961) A *Critical Examination of the Belief in a Life after Death*. Springfield: Charles C. Thomas.

Elkins, David, James Hedstrom, Lori Hughes, Andrew Leaf and Cheryl Saunders (1988) "Toward a humanistic-phenomenological spirituality," *Journal of Humanistic Psychology* 28, 5-18.

Fiore, Edith (1978) *You Have Been Here Before*. New York: Coward.

Grossi, Ralph (1975) *Reliving Reincarnation through Hypnosis*. New York: Exposition Press.

Gutierrez, Cathy (2009) *Plato's Ghost: Spiritualism in the American Renaissance*. Oxford: Oxford University Press.

Kelly, Edward F., Emily Williams Kelly, Adam Crabtree, Alan Gauld, Michael Grosso and Bruce Greyson (2007) *Irreducible Mind: Toward a Psychology for the 21st Century*. Lanham: Rowman & Littlefield Publishers, Inc.

Koenig, Harold G. (2008) *Medicine Religion and Health: Where Science and Spirituality Meet*. West Conshohocken, Pennsylvania: Templeton Foundation Press.（ハロルド G. コーニック／杉岡良彦訳 (2009)『スピリチュアリティは健康をもたらすか：科学的研究にもどづく医療と宗教の関係』東京：医学書院.）

Kuhn, Thomas (1962) *The Structure of Scientific Revolution*. Chicago: University of Chicago Press.（トーマス・クーン／中山茂訳 (1971)『科学革命の構造』東京：みすず書房.）

Macrae, Norman (1992) *Jon von Neumann: The Scientific Genius Who Pioneered the Modern Computer, Game Theory, Nuclear Deterrence, and Much More*. New York: Pantheon Books.（ノーマン・マクレイ／渡辺正・芦田みどり訳 (1998)『フォン・ノイマンの生涯』東京：朝日新聞社.）

Montgomery, Ruth (1968) *Here and Hereafter*. New York: Fawcett Cres.

Ohkado, Masayuki, Katsumi Inagaki, Nobuhiro Suetake and Satoshi Okamoto (2009) "A Study of a Case Supporting the 'Reincarnation Hypothesis,' with Special Reference to Xenoglossy," *Journal of International Society of Life Information Science* 27, 183-185.

Ohkado, Masayuki, Katsumi Inagaki, Nobuhiro Suetake and Satoshi Okamoto (2010) "On Xenoglossy Occurring in Hypnosis and What It Suggests," *Journal of International Society of Life Information Science* 28, 128-133.

Oldridge, Darren (2005) *Strange Histories: The Trial of the Pig, the Walking Dead, and Other Matters of Fact from the Medieval and Renaissance World*. London: Routledge.（ダレン・オルドリッジ／寺尾まち子訳 (2007)『針の上で天使は何人踊れるか：幻想と理性の中世・ルネサンス』東京：柏書房．）

Polanyi, Michael (1958) *Personal Knowledge: Towards a Post-Critical Philosophy*. Chicago: University of Chicago Press.

Sagan, Carl (1996) *The Demon-Haunted World: Science as a Candle in the Dark*. New York: Ballantine Books.（カール・セーガン／青木薫訳 (1997)『カール・セーガン　科学と悪霊を語る』東京：新潮社．）

Spanos, Nicholas P., Evelyn Menary, Natalie J. Gabora, Susan C. DuBreuil, and Bridget Dewhirst (1991) "Secondary identity enactments during hypnotic past-life regression: A sociocognitive perspective." *Journal of Personality and Social Psychology*, 61.

Stearn, Jess (1968) *The Search for the Girl with the Blue Eyes*. New York: Doubleday.

Steiger, Brad (1969) *Other Lives*. Award Books: New York.

Stevenson, Ian (1974) *Xenoglossy: A Review and Report of a Case*. Charlottesville: University Press of Virginia.

Stevenson, Ian (1984) *Unlearned Language: New Studies in Xenoglossy*. Charlottesville: University Press of Virginia.（イアン・スティーヴンソン／笠原敏雄訳 (1995)『前世の言葉を話す人々』東京：春秋社．）

Sutphen, Dick (1976) *You Were Born Again to Be Together*. New York: Pocket Books.

Sutphen, Dick (1978) *Past Lives, Future Loves*. New York: Pocket Books.

Tucker, Jim (2005) *Life between Life*. New York: St. Martins Press.（ジム・タッカー／笠原敏雄訳 (2006)『転生した子どもたち ― ヴァージニア大学40年の「前世」研究』東京：日本教文社．）

Venn, Jonathan (1986) "Hypnosis and the Reincarnation Hypothesis: A Critical Review and Intensive Case Study," *The Journal of the American Society for Psychical Research* 80, 409-425.

Wallace, Alfred Russel (1896) *Miracles and Modern Spiritualism*. London: George Redway.（アルフレッド・R・ウォーレス／近藤千雄訳 (1985)『心霊と進化：奇跡と近代スピリチュアリズム』東京：潮文社．）

Wambach, Helen (1978) *Reliving Past Lives: The Evidence under Hypnosis*. New York: Harper and Row.

Weisman, Alan (1977) *We, Immortals: The Dick Sutphen Past Life Seminars*. New York: Pocket Books.

Weiss, L. Brian (1988) *Many Lives, Many Masters: The True Story of a Prominent Psychiatrist, His Young Patient, and the Past-Life Therapy That Changed Both Their Lives*. New York: Simon & Schuster Inc. (ブライアン・L・ワイス／山川紘矢・山川亜希子訳 (1996)『前世療法』東京：PHP 研究所 .)

Weiss, L. Brian (1996) *Only Love is Real: Story of Soulmates Reunited*. New York: Warner Brothers, Inc. ブライアン・L・ワイス／山川紘矢・山川亜希子訳 (1996)『魂の伴侶』東京：PHP 研究所 .)

Weiss, L. Brian (2004) *Same Soul, Many Bodies*. London: Piatkus. (ブライアン・ワイス／山川紘矢・山川亜希子訳 (2005)『未来世療法：運命は変えられる』東京：PHP 研究所 .)

Whitton, Joel L. and Joe Fisher (1986) *Life between Life*. New York: Warner Books. J. L. ホイットン他／片桐すみ子訳 (1989)『輪廻転生』京都：人文書院 .)

Wilber, Ken (2006) *Integral Spirituality : A Startling New Role for Religion in the Modern and Postmodern World*. Boston, Massachusetts : Integral Books. (ケン・ウィルバー／松永太郎訳 (2008)『インテグラル・スピリチュアリティ』東京：春秋社 .)

Williston, Glenn and Judith Johnstone (1983) *Discovering Your Past Lives: Spiritual Growth through a Knowledge of Past Lifetimes*. Wellingborough: The Aquarian Press. (グレン・ウィリストン、ジュディス・ジョンストン／飯田史彦翻訳・責任編集 (1999)『生きる意味の探求：退行催眠が解明した人生の仕組み』東京：徳間書店は、同書の 1995 年版を訳し、再編集したもの)

ネパール語会話データ

24分間におよぶネパール語母語話者であるパウデル・カルパナ氏とラタラジュー人格の会話を書き起こしたものです。書き起こしの際には、ネパール語の表記に用いられるデヴァナガリー文字のASCII文字への転写方法として、ITRANSを用いています。* このシステムの詳細については、以下の公式サイトをご覧ください。

http://www.aczoom.com/itrans/

ネパール語の単語には、対応する英語注解が付けてあります。注解で用いられている文法標識は以下の通りです。

ADN	adnominal（連体形）
AGT	agentive (ergative)（動作主格）
CL	classifier（分類辞）
CP	conjunctive participle（接続分詞）
EMPH	emphatic（強調）
EVID	evidential（確認的）
HON	honorific（尊敬）
HOR	hortative（勧告）
IFPRT	infinitival participle（不定分詞）
IMP	imperative（命令）
NEG	negation（否定）
LOC	locative（所格）
PAST	past（過去）
PL	plural（複数）
PFCTP	perfect participle（完了分詞）
PPFCT	past perfect（過去完了）
PRES	present（現在）

REQ	request（依頼）
QM	question marker（疑問標識）
SG	singular（単数）
1	first person（1人称）
3	third person（3人称）

＊書き起こしの作業は、パウデル・カルパナ氏が書き起こした原稿に、美作大学の桐生和幸氏がネパール語学の視点から、加筆・修正を施すという形で行われました。

会話成立度の分析のため、全体を81に分割し、それぞれに001から081までの番号を付けてあります。この番号が、本文で「ネパール語会話番号」として言及されているものです。分割された会話のうち、ラタラジュー人格が比較的しっかり反応している070までを以下の4つの規準で分類し、分類の結果を番号の後に括弧で記しました。

A = 対話が成立した部分A
B = 対話が成立した部分B
C = ちぐはぐなやり取り
D = 判断の難しい部分

001 (A)
Kalpana: tapaaii.n-ko naam ke ho? naam ke ho, tapaaii.n-ko?
             you-GEN name what is name what is you-GEN
             あなたのお名前は何ですか？　お名前は何ですか、あなたの？
Rataraju: mero naam. raataaraaju.
             my name Rataraju
             私の名前はラタラジュー。

002 (B)
Kalpana: kati varSha hunnu-bho? kati varSha hunnu-bho?
             how old be-HON.PAST how old have be-HON.PAST
             年はいくつですか？　年はいくつですか？
Rataraju: ke?
             what
             何？

003 (A)
Kalpana: umer.
             age
             年です。
Rataraju: umer. ah, umer. (kalpanaa: hajur) raanaa ... aaH ... u ... a ... tiis... mero umer ... umer tiis .
             age uh, age (yes) Rana uh ooh uh thirty my age age thirty
             年、私の年は30。

004 (D)
Kalpana: umer kati bhayo tapaaii.n-ko? tiis varSha hunu-bho?
             age what is you-GEN 30 years be-HON.PAST
             あなたの年はいくつですか、あなたは30ですか？
Rataraju: aaH ...
             uh
             ああ。

005 (B)
Kalpana: tapaaii.n-ko parivaar-maa ko ko hunu-hunchha? tapaaii. n-ko parivaar-maa? jahaan chha ki chhaina ghar-maa?
             you-GEN family-LOC who who be-HON.PRES you-GEN family-in wife
             be.PERS or be.PRES.NEG house-LOC

	あなたの家族には誰がいますか？　あなたの家族には。
	家に奥さんはいますか、いませんか？
Rataraju:	ah ... ke?
	uh what
	何？

006 (B)
Kalpana:	ghar-maa shriimatii hunu-hunchha ki hunu-hunna?
	house-LOC wife be-HON.PRES or be-HON.PRES.NEG
	家に奥さんはいますか、いませんか？
Rataraju:	ha ... ha ... ma ... bujhina.
	I understand.1SG.PRES.NEG
	分かりません。

007 (D)
Kalpana:	bujhnu-bhaena?
	understand-HON.PAST.NEG
	分かりませんか？
Rataraju:	ah.
	uh
	ああ。

008 (D)
Kalpana:	tapaaii.n-ko chhoraa-ko naam ke re?
	you-GEN son-GEN name what EVID
	あなたの息子の名前は何ですか？
Rataraju:	adiu idya ... ah.
	adiu idya ah
	アデュー（「アディス」と言いたかった？）

009 (B)
Kalpana:	chhoraa-ko naam.
	son-GEN name
	息子の名前。
Rataraju:	ah ... ah ... ke?
	what
	何？

010 (B)
Kalpana: chhoraa-ko naam. chhoraa chhorii kati janaa?
son-GEN name son daughter how.many CL:HUMAN
何人の息子と娘がいますか？
Rataraju: aaH .. ah .. bujhina.
uh uh understand.1SG.PRES.NEG
分かりません。

011 (B)
Kalpana: bujhnu-bhaena. chhoraa chhorii duii janaa hoina?
understand-HON.PRES.NEG son daughter twoCL:HUMAN be.3SG.PRES.NEG
分かりませんよ。 子どもは二人ではないのですか。
Rataraju: ho ... he ... ke ... abou ... oh ...
yes what yes
はい、なに、はい。

012 (A)
Kalpana: tapaaii.n-ko shriimatii-ko naam ke re?
you-GEN wife-GEN name what EVID
奥さんの名前は何ですか？
Rataraju: o jiraa li ...
?
?
Kalpana: shriimatii, swaasniiko naam?
wife wife-GEN name
奥さん、奥さんの名前？
Rataraju: aaH ... aaH ... mero swaasnii (kalpanaa: hajur... hajur ...) naam raamel... raamelii. (kalpanaa: raamelii?) el.
ah, ah, my wife name (yes yes) name Ramel Rameli
私の妻、名前、（はい）ラメ、ラメル、ラメリ。

013 (A)
Kalpana: chhoraa-ko naam chaahi.N?
son-GEN name as for
あなたの息子の名前は何ですか？
Rataraju: aaH ... ei ... el ... el ... naam ... el ... ei ... kujaus.

103

name kujaus
ああ、名前、クジャウス。

014 (A)
Kalpana: kujaaus? chhoraa? chhorii?
Kujaus son daughter
クジャウス。息子ですか、娘ですか？
Rataraju: tiru.
son
息子です。
Kalpana: chhoraa?
son
息子ですか？
Rataraju: tiru.
son
息子です。

015 (A)
Kalpana: chhorii chha ki chhaina?
daughter be.3SG.PRES or be.3SG.PRES.NEG
娘はいますか、いませんか？
Rataraju: aadis. (kalpanaa: aadis?)
Adis
アディス。

016 (B)
Kalpana: tapaaii.n kahaa.N basnu-hunchha re, ahile?
you where live-HON.PRES now
今、どこに住んでいますか？
Rataraju: a .... ke?
uh what
何？

017 (A)
Kalpana: kahaa.N basnu-hunchha? tapaaii.n-ko ghar kahaa.N ho?
where live-HON.PRES you-GEN home where be.3SG. PRES
どこに住んでいますか？　あなたの家はどこですか？
Rataraju: tapaaii.n nepaalii hunchha?

104

	you Nepali be.HON.PRES
	あなたはネパール人ですか？
Kalpana:	ho, ma nepaalii ho.
	yes I Nepali be.HON.PRES
	はい、私はネパール人です。
Rataraju:	o. ma nepaalii.
	yes I Nepali
	ああ、私は（も）ネパール人です。

018 (B)
Kalpana:	tapaaii.n kahaa.N basnu-hunchha? tapaaii.n kahaa.N basnu-hunchha? tapaaii.n ghar kahaa.N ho?
	you where live-HON.PRES you where live-HON.PRES you house where be.3SG.PRES
	あなたはどこに住んでいますか？　あなたはどこに住んでいますか？　家はどこにありますか？
Rataraju:	ah ... bujhina.
	uh understand.1SG.PRES.NEG
	分かりません。
Kalpana:	bujhnu-bhaena? tapaaii.n-ko ghar kahaa.N chha, ghar?
	understand-HON.PRES.NEG you-GEN house where be.3SG.PRES house
	家がどこにあるのか分かりませんか？

019 (B)
Kalpana:	tapaaii.n gorkhaa-maa basnu-hunchha ki, tapaaii.n kaThamaa.ndau-maa basnu-hunchha ki, kahaa.N basnu-hunchha?
	you Gorkha-LOC live-HON.PRES or you Kathmandu-LOC live-HON.PRES or where live-HON.PRES
	あなたはゴルカ地方に住んでいますか、それともカトマンズに住んでいますか、どこに住んでいますか？
Rataraju:	aaH ... ah.. ah... bujhina.
	uh uh uh understand.1SG.PRES.NEG
	分かりません。
Kalpana:	bujhnu-bhaena?
	understand-HON.PRES.NEG
	分かりませんか？

020 (D)
Kalpana: aruu kehii chha tapaaii.n-laaii bhannu parne kuraa?
else something be.3SG.PRES you-DAT say need.FUT. ADN things
何か他に言いたいことはありますか？
Rataraju: kodo ... aaH ... daado ... aaH ... ah ...
kodo aa dado ah
穀ビエ・・ダド（「ダル」の誤りか？）……

021 (A/C)
Kalpana: tapaaii.n, bihaana belukaa ke khaanu-hunchha tapaaii.n-le ghar-maa?
you morning evening what eat-HON.PRES you-AGT house-LOC
家では何を食べていますか？
Rataraju: aaH .. ah... shiba (shibo?) ... e ... e ... dharma.
ah uh liquor eh eh religion
お酒、宗教
Kalpana: dharma?
religion
宗教？

022 (B)
Kalpana: tapaaii.n mandir jaanu-hunchha?
you temple go-HON.PRES
寺院には行きますか？
Rataraju: ho.
yes
はい。
Kalpana: mandir jaanu-hunchha?
temple go-HON.PRES
寺院に行きますか？
Rataraju: ho.
right
はい。

023 (C)
Kalpana: kun mandir jaanu-hunchha ta?
which temple go-HON.PRES then
では、どの寺院に行きますか？
Rataraju: h...... ho.

106

	right は、はい。
024 (B)	
Kalpana:	ho? tapaaii.n mandir jaanu-hunchha ki jaanu-hunna? right? you temple go-HON.PRES or go-HON.PRES.NEG 寺院に行くのですか、行かないのですか？
Rataraju:	aaH ... bujhina. understand.1SG.PRES.NEG 分かりません。
Kalpana:	bujhnu-bhaena? understand-HON.PRES.NEG 分かりませんか？

025 (A)	
Kalpana:	tapaaii.n-ko buvaa-ko naam ke re? baa-ko naam. baa-ko naam. you-GEN father-GEN name what EVID you-GEN father-GEN name you-GEN father-GEN name あなたのお父さんの名前は何といいますか？
Rataraju:	aH ... aaH ... taama ... taamala (kalpanaa: taamali?) ... ah... uh uh Tamali uh ああ、タマリです。

026 (B/C)	
Kalpana:	aamaa-ko naam thaahaa chha? aa-maa? mother-GEN name knowledge be.3SG.PRES mother おかあさんの名前は分かりますか？
Rataraju:	aamaa? mother お母さん？
Kalpana:	aamaa. mother お母さん。
Rataraju:	aaH ... bhaena. ma nallu gaau.N ek uh be.3SG.PAST.NEG I nallu village one 分かりません。私は、ナル村のもの。

027 (D)
Kalpana:　　hajur? hajur, pheri ek choTi bhandinus.h na? pheri ek choTi.
　　　　　　yes yes again one time say-give.IMP REQ again one time
　　　　　　もう一度言ってもらえますか？　もう一度？
Rataraju:　　aaH … ki … aaH … muu …
　　　　　　uh or ah
　　　　　　ああ。

028 (B)
Kalpana:　　pheri ek choTi bhandinu hunchha, aghi-ko?
　　　　　　again one time say-give HON.PRES previous-GEN
　　　　　　もう一回言ってもらえますか。さっきのことを。
Rataraju:　　aaH … e … de … bujhina.
　　　　　　understand.1SG.PRES.NEG
　　　　　　分かりません。
Kalpana:　　bujhnu-bhaena?
　　　　　　understand-HON.PAST.NEG
　　　　　　分かりませんか？
Rataraju:　　a … a …
　　　　　　ah ah
　　　　　　ああ、ああ。

029 (D)
Kalpana:　　tapaaii.n tiis barSha-ko hunu-bho ahile?
　　　　　　you 30 age-GEN be- now
　　　　　　あなたは今、30歳なんですよね。
Rataraju:　　tiis …
　　　　　　30
　　　　　　30歳。
Kalpana:　　tis? (rataraju: tis, je, je,) kati varSha hunu-bho ? (rataraju: oh … a …
　　　　　　hai …)
　　　　　　30 how old be-HON.PAST
　　　　　　30歳？　何歳ですか？
Rataraju:　　eh … raanaa … eh …
　　　　　　rana
　　　　　　ラナ（1846-1951年までネパールを支配した一族「ラナ家」？）。
Kalpana:　　raanaa? ke raanaa-ko ghar-maa kaam garnu hunthiyo?
　　　　　　Rana? what Rana-GEN house-LOC job do HON.PAST

108

ラナ？　ラナで何の仕事をしていたのですか？

030 (A)
Kalpana: raanaa?
Rana
ラナですか？
Rataraju: raanaa. ... raanaa
Rana Rana
ラナです。ラナ。

031 (質問が不適切のため分類せず)
Kalpana: raanaa, kun chaahi.N raanaa?
Rana which EMPH rana
どのラナですか？
Rataraju: ho?
right
はい？

032 (質問が不適切のため分類せず)
Kalpana: raanaa pani ta dherai thie ni ta.
Rana also but however many be.3PL.PAST then
でも、たくさんのラナがあるんですが。
Rataraju: bujhina.
understand.1SG.PRES.NEG
分かりません。

033 (C)
Kalpana: tapaaii.n-le ke garnu-hunchha sadhai.n? ke kaam garnu hunchha?
you-AGT what do-HON.PRES everyday what work do-HON.PRES
あなたは毎日どんな仕事をしているんですか？　どんな仕事を
しているんですか？
Rataraju: aaH ...
ah
ああ。
Kalpana: tapaaii.n ke kaam garnu-hunchha?
you what work do-HON.PRES
あなたはどんな仕事をしているのですか？
Rataraju: aaH .. e ... aaH ... ume ... eh ... umer pachchiis nallugau.N.

age 25 Nallu village
25歳。ナル村。

034 (C)
Kalpana: tapaaii.n kahaa.N basnu hunchha re ahile? tapaaii.n kahaa. N
basnu hunchha, tapaaii.n-ko gaau.N kahaa.N ho?
you where live HON.PRES EVID now you where live HON. PRES
you-GEN village where be.3SG.PRES
今、あなたはどこに住んでいるのですか？　あなたはどこに住んでいるのですか、あなたの村はどこですか？
Rataraju: oh ... ho. (kalpanaa: gaau.N?) oh ...
yes (village)
はい。(カルパナ：村ですか？)

035 (B)
Kalpana: kataa, naam ke ho gaau.N-ko?
where name what be.3SG.PRES village-GEN
どこですか、村の名前は何ですか？
Rataraju: aaH ... bujhina.
understand.1SG.PRES.NEG
分かりません。
Kalpana: bujhnu-bhaena.
understand-HON.PRES.NEG
分かりませんか？

036 (A)
Kalpana: ekhna jaannu-hunchha ta tapaaii.nle? nepaalii lekhna aau.Nchha? lekhna aau.Nchha? lekhna paDhna aau.Nchha?
write know-HON.PRES then you-AGT? Nepali write come. 3SG.PRES write come.3SG.PRES write read come.3SG.PRES?
字は書けますか？
Rataraju: oh ... ho.
oh right
ああ。
Kalpana: aau.Ndaina? lekhna paDhna?
come.PRES.NEG read write
書けませんか？　読み書きは？
Rataraju: aaH ... hoina.

| Kalpana: | ah no
できません。
aau.Ndaina?
come.PRES.NEG
できませんか？ |

037 (A)
Kalpana:	tapaaii.n-ko gaau.N-maa mukhiyaa ko chha ta? gaau.N-maa? you-GEN village-LOC chief who be.3SG.PRES then village-LOC では、あなたの村の長はだれですか？
Rataraju:	kiraa. Kira キラです。
Kalpana:	gaau.N-maa? village-LOC 村では？
Rataraju:	kiraa. aaH ... kiraa. Kira キラ。
Kalpana:	kiraa? Kira キラですか？
Rataraju:	kiraa. ... e ... Kira キラです。

038 (B)
| Kalpana: | ke bhayo? gaaRho bhayo? ke bhayo? tapaaii.n-ko chhoraa kati varSha-ko bhayo?
what happen.PAST difficult be.3SG.PAST what happen.PAST
どうしましたか？　大丈夫ですか？　どうしましたか？
あなたの息子さんは何歳ですか？ |
| Rataraju: | bujhina. bujhina.
understand.1SG.PRES.NEG understand.1SG.PRES.NEG
分かりません。分かりません。 |

111

039 (A)
Kalpana: tapaaii.n-laaii kehii bhanna man chha ki ta? tapaaii.n-laaii kehii
bhanna man chha?
you-DAT something say mood be.3SG.PRES or then you something
say mood be.3SG.PRES
何か言いたいのですか？　何か言いたいのですか？
Rataraju: aaH ... aaH ... mero ... aaH ... mero ...
my my
私の、私の。
Kalpana: hadjur.
yes
はい。
Rataraju: mero ... ha ... ha ... mero peT
my ha ha my stomach
私のお腹。
Kalpana: hajur.
yes
はい。
Rataraju: aaH ... oh ... duHkha hunchha.
sorrow become.3SG.PRES
痛い。
Kalpana: tapaaii.n-ko peT duHkhyo?
you-GEN stomach ache.3SG.PAST
お腹が痛いのですか？
Rataraju: ah!
ah
ああ。

040 (A)
Kalpana: tapaaii.n-ko mR^ityu ke bhaera bhae-ko?
you-GEN death what happen-CP happen.PFCTP
あなたが死んだ原因は何ですか？
Rataraju: oh ... oh ... ma ... rog ...
oh oh I disease
私、病気。
Kalpana: tapaaii.n-ko mR^ityu ke bhaera bhae-ko?
you-GEN death what happen-CP happen.PFCTP
あなたが死んだ原因は何ですか？

Rataraju:	rog ... rog.
	disease disease
	病気、病気。

041 (B)

Kalpana:	rog?
	disease
	病気ですか？
Rataraju:	ah.
	yes
	はい。

042 (A)

Kalpana:	ke-ko rog laagyo?
	what-GEN disease affected.by.3SG.PAST
	何の病気だったのですか？
Rataraju:	au ... ha ... peT.
	stomach
	お腹。
Kalpana:	peT?
	stomach
	お腹？
Rataraju:	peT duHkha hunchha.
	stomach sorrow be.3SG.PRES
	お腹が痛いのです。

043 (A)

Kalpana:	peT duHkhera?
	stomach ache-CP
	お腹が痛いのですか？
Rataraju:	aaH ... ho ... ah... guhaar ... ha ...
	uh yes uh help uh
	はい、助けて。
Kalpana:	ke bhayo? duHkyo?
	what happen.3SG.PAST ache.3SG.PAST?
	どうしましたか、痛いのですか？
Rataraju:	guhaar ... guhaar ...
	help help

助けて、助けて。

044 (A)
Kalpana: kati varSha-maa bitnu-bhaeko?
how.much age-LOC die-HON.PFCTP
死んだ時は何歳でしたか？
Rataraju: aaH ... aaH ...
ah ah
ああ。
Kalpana: kati varSha-maa ...
how.much age-LOC
何歳でしたか？
Rataraju: umer ... mero ... umer ...
age my age
歳は、私の歳は
Kalpana: hajur. biteko umer.
yes die.PFCTP age
はい。死んだ歳は？
Rataraju: aaTh sattarii ... aaH ...
eight seventy
8と70。
Kalpana: hajur?
yes
はい？
Rataraju: aaTh sattarii.
eight seventy
8と70。
Kalpana: sattarii?
seventy
70ですか？
Rataraju: aaTh satarii.
eight seventy
8と70。

045 (A)
Kalpana: tapaaii.n-ko desh-ko, nepaal-ko raajaa ko ahile?
you-GEN country-GEN Nepal-GEN king who now
あなたの国の、ネパールの王様は誰ですか？

114

Rataraju:	aaH ... o ... shaahaa ...
	ah Shaha
	ああ、シャハ（シャハ王朝？）。
Kalpana:	shaahaa?
	Shah.
	シャハですか？
Rataraju:	shaahaa.
	Shaha
	シャハ。
Kalpana:	shaahaa, naam chaahi.N ke holaa?
	Shah name as.for what be.3SG.FUT
	シャハ？　名前は何でしょうか？

046 (B)

Kalpana:	shaahaa, naam chaahi.N ke holaa?
	Shah name as.for what be.3SG.FUT
	シャハ？　名前は何でしょうか？
Rataraju:	aaH ...
	ah
	ああ。
Kalpana:	naam chaahi.N ke holaa?
	name as.for what be.3SG.FUT
	名前は何ですか？
Rataraju:	ha, ho.
	hah right
	はい。
Kalpana:	naam? raajaa-ko naam?
	name king-GEN name
	名前、王様の名前は？
Rataraju:	ho, ha ... bujhina ... ha.
	right hah understand.1SG.PRES.NEG hah
	分かりません。

047 (D)

Kalpana:	tapaaii.n-le aghi raanaa sa.Nga laDaai garyo bhannu hunthiyo ni ke bhannu-bho? gorkhaa?
	you-AGT before Rana with fight do.3SG.PAST tell HON. PPFCT EMPH what tell-HON.PAST Gorkha

115

	あなたは前に、ラナと闘ったといったようなことを言いましたよね。
	どういう意味ですか？　ゴルカですか？
Rataraju:	ha ...
	ha
	ああ。

048 (A)
Kalpana:	tapaaii.n-ko buwaa-le ke garnu hunchha re?
	you-GEN father-AGE what do-HON.PRES EVID
	あなたのお父さんは何をしていますか？
Rataraju:	a ... mero buwaa ...
	my father
	私の父は
Kalpana:	hajur.
	yes
	はい。
Rataraju:	aaH ...
	ah
	ああ。
Kalpana:	buwaa?
	father
	お父さんは？
Rataraju:	gorkhaa.
	gorkha
	ゴルカ（ゴルカ／グルカ兵と思われる）。
Kalpana:	gorkhaa?
	gorkha
	ゴルカ？
Rataraju:	ah.
	ah
	ああ。

049 (A)
Kalpana:	gorkhaamaa basnuhunchha?
	Gorkha-LOC live-HON.PRES
	ゴルカ地方に住んでいるんですか？
	（兵隊と地域を混同しての発言）
Rataraju:	mero buwaa go ... gorkhaa ... mero buwaa taama.ng hunu-hunchha.

116

	my father Gorkha my father Gorkha my father Tamang be-HON. PRES
	私の父、ゴルカ。私の父はタマン族です。
Kalpana:	hajur.
	yes
	そうですか。

050 (A)
Kalpana:	tapaaii.n-le dashain-maa ke khane garnu-hunchha? dashaina-maa? dashain? hajur. dashain ke.
	you-AGT Dashain-LOC what eat do-HON.PRES Dashain-LOC Dashain yes Dashain what
	ダシャイン (ネパール最大のお祭り) では何を食べますか？ はい。ダシャインでは何を？
Rataraju:	daal, daal, kodo.
	lentil lentil millet
	ダル（レンズ豆）とコド（穀ビエ）です。
Kalpana:	kodo?
	millet
	コド（穀ビエ）ですか？
Rataraju:	kodo.
	millet
	コド（穀ビエ）です。
Kalpana:	he.
	and
	そして。
Rataraju:	daal.
	lentil
	ダル（レンズ豆）です。
Kalpana:	daal.
	lentil
	ダルですか。

051 (A)
Kalpana:	ani dashain, chaaDbaaDa-maa chaahi.N ke khaanu hunchha ta?
	and Dashain festival-LOC as.for what eat HON.PRES then
	ダシャインの祭りでは何を食べますか？
Rataraju:	aaH ... oh ... a ... ho ...

	yes
	はい。
Kalpana:	chaaDabaada-maa ke khaanu-hunchha?
	festival-LOC what eat-HON.PRES
	祭りでは何を食べますか？
Rataraju:	khaanaa.
	food
	食べ物。

052 (A)
Kalpana:	dashaina-maa? dashain manaaunu-hunchha?
	Dashain-LOC Dashai celebrate-HON.PRES
	ダシャインは祝いますか？
Rataraju:	aaH ... kodo ... bhaat ... daal. khaane.
	millet cooked.rice lentil eat
	コドと米とダル。食べる。

053 (A)
Kalpana:	tapaaii.n-ko gaau.N-maa kati janaa hunu-hunchha? gaau. N-maa.
	you-GEN village-LOC how.many CL:HUMAN be-HON.PRES
	village-LOC
	あなたの村には何人の人がいますか？
Rataraju:	aaH ...
	ah
	ああ。
Kalpana:	tapaaiiMko gaau.Nmaa.
	you-GEN village-LOC
	あなたの村には。
Rataraju:	pachchiis.
	twenty-five
	25人です。
Kalpana:	pachchiis janaa?
	twenty-five CL: HUMAN
	25人ですか？

054 (D)
Kalpana:	hari-laaii chinu-hunchha, hari-laaii?
	Hari-DAT know-HON.PRES Hari-DAT

	ハリ（ヒンズー教の神）を知っていますか？
Rataraju:	a … aaH … eh …
	ah
	ああ。
Kalpana:	harilaaii chinu-hunchha? hari.
	Hari-DAT know-HON.PRES Hari
	ハリを知っていますか？　ハリです。
Rataraju:	muraari.
	Murari
	ムラリ。
Kalpana:	murari?
	Murari
	ムラリ（サンスクリット語詩の筆者？）ですか？
Rataraju:	kwa … eh … mero …
	eh my
	私の……

055 (D)
Kalpana:	tapaaii.n-ko chhimekii-ko naam ke ho? chhimekii-ko?
	you-GEN neighbors-GEN name what be.3SG.PRES neghbors-GEN
	隣人の名前は何ですか？
Rataraju:	o …
	oh
	ああ。

056 (A)
Kalpana:	chhimekii-maa ko hunu-hunchha?
	neighbor-LOC who be-HON.PRES
	近所には誰がいますか？
Rataraju:	o … ho …
	oh right
	ああ。
Kalpana:	chhimekii-maa?
	neighbor-LOC
	近所には。
Rataraju:	ei … laa … laaji ho … mero saathii.
	yes my friend
	ああ、ああ、ああ、はい、私の友人。

Kalpana:	saathii? saathii?
	friend friend
	お友達、お友達？
Rataraju:	ho ...
	yes
	はい。

057 (B)

Kalpana:	saathii-ko naam ke ho ta?
	friend-GEN name what is then
	では、お友達の名前は何ですか？
Rataraju:	ho, ho ... (kalpanaa: saathii chha?) oh ... ho ...
	yes yes (friend be.3SG.PRES) oh yes
	はい、はい、友達がいます。
Kalpana:	... naam ke ho? saathii-ko naam ke ho?
	name what be.3SG.PRES friend-GEN name what be.3SG. PRES
	名前は、お友達の名前は何ですか？
Rataraju:	bujhina.
	understand.1SG.PRES.NEG
	分かりません。
Kalpana:	saathii-ko naam. tapaaii.n-ko saathii-ko naam?
	friend-GEN name you-GEN friend-GEN name
	お友達の名前、あなたのお友達の名前です。
Rataraju:	bu ... bu ...
Kalpana:	bujhnu-bhaena?
	understand.1SG.PRES.NEG
	分かりませんか？

058 (B)

Kalpana:	tapaaii.n ke garnu-hunchha re ahile? khetabaarii chha?
	you what do-HON.PRES EVID now??? field be.3SG.PRES
	あなたは何をして生活しているんでしたっけ？　畑を持っていますか？
Rataraju:	a ... ke ?
	what
	何？
Kalpana:	khetabaarii.
	field

	畑です。
Rataraju:	aaH ... bujhina.
	understand.1SG.PRES.NEG
	分かりません。
Kalpana:	khetabaarii chhaina?
	field be.3SG.PRES.NEG
	畑はありませんか？
Rataraju:	aaH ...
	ah
	ああ。

059 (D)
Kalpana:	ghar ke-ko ghar ho? kasto ghar chha ni? Thuulo ghar chha ki saano ghar chha?
	house what-GEN house be.3SG.PRES? how house be.3SG. PRES EMPH big house be.3SG.PRES or small house be.3SG.PRES?
	家は何でできていますか？
Rataraju:	aaH ...
	ah
	ああ。
Kalpana:	bujhnu-bhaena.
	understand.1SG.PRES.NEG
	分かりませんか。
Rataraju:	un.
	uh
	ああ。

060 (B)
Kalpana:	tapaaii.nlaaii kehii bhanna man laagchha aruu?
	you-DAT something say.PURP mood feel.3SG.PRES else
	他に言いたいことはありますか？
Rataraju:	aaH ...
	ah
	ああ。
Kalpana:	aruu gorkhaa-ko baaremaa kehii bhannus.h na.
	else Gorkha-GEN about something say.IMP.HON REQ
	ゴルカについて何か言ってくれませんか？

Rataraju: bujhina.
understand.1SG.PRES.NEG
分かりません。

061 (A)
Kalpana: gorkhaa?
Gorkha
ゴルカですよ。
Rataraju: gorkhaa?
Gorkha
ゴルカ？
Kalpana: un. gorkhaa. gorkhaa-ko baaremaa?
Gorkha Gorkha-GEN about
はい、ゴルカ、ゴルカについてです。
Rataraju: buwaa.
father
お父さん。
Kalpana: buwaa?
father
お父さんですか？

062 (B)
Kalpana: tapaaii.n-le juttaa lagaaunu-hunchha? juttaa?
you-AGT shoes wear-HON.PRES shoes
あなたは靴を履いていますか？
Rataraju: ke?
what
何？
Kalpana: juttaa.
shoes
靴です。
Rataraju: ke?
what
何？
Kalpana: juttaa.
shoes
靴です。

063 (D)
Kalpana: tapaaii.n-le lugaa, ke lugaa laaunu-hunchha? kasto lugaa laaunu-hunchha? lugaa …
you-AGT clothes, what.kind clothes wear-HON.PRES what.kind clothes wear-HON.PRES clothes
どんな服を着ていますか？　どんな服を着ていますか？　服を。
Rataraju: bujhina.
understand.1SG.PRES.NEG
分かりません。
Kalpana: lugaa. tapaaii.n-le jiiu-maa kasto lugaa laaunu-hunchha?
clothes you-AGT body-LOC what.kind clothes wear-HON. PRES
服です。身体にはどんな服を着ていますか？
Rataraju: ho.
yes
はい。

064 (B)
Kalpana: tapaaii.nlaaii giit gaauna aau.Nchha? giit. giit. nepaala-ko giit. nepaalii giit.
you-DAT song sing come.3SG.PRES song song Nepal-GEN song Nepali song
あなたは歌を歌えますか？　ネパールの歌です。ネパールの歌。
Rataraju: bujhina. oh, bujhina.
understand.1SG.PRES.NEG oh understand.1SG.PRES.NEG
分かりません。分かりません。

065 (B)
Kalpana: tapaaii.nlaaii baajaa bajaauna aau.Nchha? sarangi bajauna aau. Nchha? ke bajaauna auchha?
you-DAT musical.instrument play come.3SG.PRES sarangi play come.3SG.PRES what musical.instrument come.3SG.PRES
あなたは楽器を弾くことはできますか？　サランギ（楽器）を弾けますか？　どんな楽器を弾けますか？
Rataraju: aaH …
ah
ああ。
Kalpana: maadaal bajaauna aau.Nchha?
madal play come.3SG.PRES

123

	マダル（楽器）を弾くことはできますか？
Rataraju:	bujhina.
	understand.1SG.PRES.NEG
	分かりません。

066 (B)
Kalpana:	ke aba, ke garne ta, arū kehii sodhau.N ki na-sodhau.N?
	what now what do then other something ask.HOR or NEG-ask.HOR
	（次は）どうしましょうか？ もっと聞いてもいいですか？やめた方がいいですか？
Rataraju:	ho.
	yes
	はい。
Kalpana:	sodhau.N?
	ask.HOR
	聞いてもいいですか？
Rataraju:	ho.
	yes
	はい。

067 (A)
Kalpana:	tapaaii.n-ko gaau.N-maa maanchhe mor-daakheri ke garne gareko chha? gaau.N-maa?
	you-GEN village-LOC people die-while what do.IFPRT do.PFCTP be.3SG.PRES village-LOC
	あなたの村では人が死んだ時どうしますか？
Rataraju:	himaal.
	mountain (Himaraya)
	山（ヒマラヤ）。
Kalpana:	himaal?
	mountain (Himaraya)
	山（ヒマラヤ）？
Rataraju:	himaal ... himaal.
	mountain (Himaraya) mountain (Himaraya)
Kalpana:	himaal?
	mountain (Himayara)
	山（ヒマラヤ）ですか？

Rataraju: ho.
yes
はい。

068 (B)
Kalpana: maanchhe mor-daakheri himaal liera jaane?
people die-while Himalaya take-CP go.IFPRT
人が死ぬと、ヒマラヤに運ぶのですか？
Rataraju: ho.
yes
はい。
Kalpana: himaala-maa?
Himaraya-LOC
山（ヒマラヤ）に？
Rataraju: ho.
yes
はい。

069 (B)
Kalpana: ke ho, jalaaune ki gaaDne? himaala-maa lag-era ke garne? jalaaune ki gaaDne?
what be.PRES burn.IFPRT or bury.IFPRT Himaraya-LOC take-CP what do.IFPRT burn.INFPRT or bury.INFPRT
山（ヒマラヤ）で燃やすのですか、埋めるのですか？
Rataraju: ho.
yes
はい。
Kalpana: jalaaune?
burn.INFPRT
燃やすのですか？
Rataraju: ho.
yes
はい。
Kalpana: gaaDne?
burn.INFPRT
燃やすのですか？
Rataraju: ho.

125

	yes
	はい。

070 (C)

Kalpana:	tapaaii.nlaaii kehii banna man chha bhane bhannus.h na. ma pani nepaalii nai ho.
	you-DAT something say.INF mood be.3SG.PRES if say. IMP.HON REQ I too Nepali EMPH be.3SG.PRES
	何か言いたいことはありますか？
Rataraju:	ho.
	yes
	はい。
Kalpana:	hajur?
	yes
	はい。
Rataraju:	ha ...
Kalpana:	kehii chha banna man laag-eko?
	something be.3SG.PRES say.INF mood feel-PFCTP
	何か言いたいことはありますか？
Rataraju:	ho.
	yes
	はい。
Kalpana:	chhaina? bhayo?
	be.3SG.PRES.NEG enough
	何もありませんか。もう充分ですか？
Rataraju:	ho, ho, hoina.
	yes, yes, no
	はい、はい、いいえ。
Kalpana:	hoina?
	no
	充分じゃないのですか？

071

Kalpana:	kehii chha banna man laag-eko? kehii chha man-maa kuraa?
	something be.3SG.PRES say.PUR mood feel-PFCTP something be.3SG.PRES mind-LOC story
	何か言いたいのですか？　何か言いたいことがあるのですか？
Rataraju:	bujhina.

	understand.1SG.PRES.NEG
	分かりません。

072
Kalpana:	tapaaii.n-ko gaau.N-maa ko ko hunu-hunchha saathii? gaau. N-maa?
	you-GEN village-LOC who who be-HON.PRES friend village-LOC
	あなたの村では誰が友達ですか？　村です。
Rataraju:	gaau.N ...
	village
	村。
Kalpana:	hajur, gaau.N-maa.
	yes village-LOC
	はい、村です。
Rataraju:	ha ... hajur ...
	yes
	はい。
Kalpana:	hajur, gaau.N-maa ko ko hunu-hunchha?
	yes village-LOC who who be-HON.PRES
	そうです。村には誰がいますか？
Rataraju:	...

073
Kalpana:	tapaaii.n kati varSha hunu-bho re, pheri ek choTi bhanidinus.h ta?
	you how.many age be-HON.PAST EVID again one time say-give.IMP.HON then
	あなたは何歳ですか、もう一度言ってもらえませんか？
Rataraju:	ha ...
	ah
	ああ。
Kalpana:	tapaaii.n kati varSha hunu-bho re?
	you how.many age are EVID
	何歳ですか？
Rataraju:	aH ... ana.
	ah
	ああ。

074
Kalpana: tapaaii.n-ko chhoraa kati varSha-ko bhayo? chhoraa ...
chhoraa ... chhoraa kati barSha-ko bhayo?
you-GEN son how.many age-GEN be.3SG.PAST son son
son how.many age-GEN be.3SG.PAST
Rataraju: ...
Kalpana: kaanchhaa, kaanchhii?
youngest son
息子。
Kalpana: kaanchhaa?
youngest.son
息子。
Rataraju: ah, adis.
Adis
アディスです。
Kalpana: kaanchhaa, adis?
youngest.son Adis
息子さんはアディスですか？
Rataraju: hum ...
ah
ああ。

075
Kalpana: kati varSha-ko bhayo adis?
how.many age be.3SG.PAST Adis
アディスは何歳ですか？
Rataraju: adis.
Adis
アディス。
Kalpana: adis kati barSha-ko bhayo?
Adis how old is
アディスは何歳ですか？
Rataraju: moi ... ho ... ho...
my yes yes
私の、はい、はい。
Kalpana: adis kati varSha-ko bhayo?
Adis how.many age-GEN be.3SG.PAST
アディスは何歳ですか？

128

076
Kalpana: jeTho chaahi.n ko, jeTho? jeTho?
eldest as for who eldest eldest
一番年上、誰が一番年上ですか？
Rataraju: bujhina.
understand.1SG.PRES.NEG
分かりません。
Kalpana: bujhnu-bhaena.
understand.1SG.PRES.NEG
分かりませんか。

077
Kalpana: tapaaii.n-ko gaau.N-maa magar kohi chha? Magar
you-GEN village-LOC Magar anyone be.3SG.PRES Magar
あなたの村にはマガール族の人はいますか？
Rataraju: ah
ah
ああ。
Kalpana: magar. tapaaii.n pani taama.ng ho? taama.ng ho tapaaii.n?
Magar you also Tamang be.3SG.PRES Tamang be.3SG.PRES you
マガール族です。あなたはタマン族でしたよね？　タマン族でしたよね、あなたは？
Rataraju: ha …
ha
ああ。

078
Kalpana: raataaraaju, taama.ng ho tapaaii.n?
Rataraju Tamang be.3SG.PRES you
ラタラジューさん、あなたはタマン族でしたよね？
Rataraju: hajur aH.
yes
はい。

079
Kalpana: gaau.N-maa magar chhainan.h?
village-LOC Magar be.3PL.PRES.NEG
村にはマガール族の人はいないのですか？

129

Rataraju: hu ... n ...
Kalpana: magar.
Magar
マガール族の人です。
Rataraju: ha ... bujhina.
understand.1SG.PRES.NEG
分かりません。

080
Kalpana: raai kohi chhan.h ki ta? raai.
Rai anyone be.3PL.PRES QM then Rai.
ライ族の人はいませんか？
Rataraju: aaH
ah
ああ。

081
Kalpana: kun kun jaat-ko maanchhe chhan.h gaau.N-maa?
which which cast people be.3PL.PRES village-LOC
村の人はどのカーストに属するのですか？
Rataraju: aaH ... bujhina.
understand.1SG.PRES.NEG
分かりません。
Kalpana: bujhnu-bhaena.
understand-HON.PRES.NEG
分かりません。

大門 正幸（おおかど まさゆき）
1963 年三重県伊勢市生まれ。大阪外国語大学卒、名古屋大学大学院文学研究科博士前期課程修了、同大学院博士後期課程中退、大阪教育大学講師、米国マサチューセッツ工科大学客員研究員、オランダ・アムステルダム大学客員研究員。現在、中部大学全学共通教育部教授、Ph.D（オランダ・アムステルダム大学）。著書に *Old English Constructions with Multiple Predicates*（Hituzi Shobo、2001 年）、*Clause Structure in Old English*（Mana House、2005 年）、『英語コーパスの初歩』（英潮社、共著、2006 年）、『「主語」とは何か？ 英語と日本語を比べて』（風媒社、2008 年）などがある。ほか、論文多数。国際生命情報科学会常務理事、ABH 認定ヒプノセラピスト、シータヒーリング・プラクティショナー。趣味は作詞・作曲とギター演奏。

スピリチュアリティの研究
～異言の分析を通して～

2011 年 8 月 22 日　第 1 刷発行
　　　　（定価はカバーに表示してあります）

著　者　大門　正幸
発行者　山口　章
発行所　風媒社
　　　　〒 460-0013 名古屋市中区上前津 2-9-14 久野ビル
　　　　電　話　052-331-0008
　　　　Ｆ Ａ Ｘ　052-331-0512

ISBN978-4-8331-4090-4